나는
아끼는 대신
더 벌기로
했다

나는
아끼는 대신
더 벌기로
했다

N잡 워킹맘의
수익형 블로그 만들기

경이로움

프롤로그

갑자기 찾아온 산후우울증,
블로그에서 해답을 찾다

10년 넘게 쉴 틈 없이 달려오던 내 직장생활이 어느 날 갑자기 임신이라는 사건으로 인해 잠시 쉬어가게 되었다. 태생부터 성격이 워낙 낙천적이라 여태껏 스트레스를 받지 않고 살아왔지만, 갑자기 찾아온 호르몬의 저주는 내 힘으로 해결할 수 있는 것이 아니었다. 나는 출산휴가가 시작된 지 이틀 뒤부터 바로 산전우울증에 시달렸고 스트레스가 극에 치달을 때쯤에 양수가 터져 39주 0일 만에 첫아기를 출산했다. 당시 매사 남편의 말 한마디에 순식간에 천국과 지옥의 기분을 오가며 닭똥 같은 눈물을 흘리던 내 모습을 되돌이켜 보면 아직도 마음 한구석이 시큰하다. 그러다 어느 순간 남편의 말에 눈물짓는 게 아니라 이성적으로 대답하거나 화를 내며 응대하는 나를 발견하고 나서야 비로소 우울증이 끝났다고 생각했다. 그러자 이제는 뭐라도 해야겠다는 생각이 들었다.

원래 집순이였던 나는 출산 후에도 혼자서는 아기를 데리고 산책조차 나가지 않았다. 그저 아기가 낮잠을 잘 때 블로그에 우울했던 일이나 육아 기록 등을 하나씩 글로 적어가며 나름 생산적인 일을 하고 있다고 여겼다. 그런데 어느 날부터 갑자기 신기한 일이 벌어졌다. 사람들이 내 글에 댓글을 달아주고, 내 남편을 같이 꼬집어주며, 육아 고민에 대해 같이 공감해주는 것이 아닌가? 그전까지는 온종일 대화할 사람이 없어서 입에서 단내가 날 지경이었는데 말이다. 그 후로 내 손가락은 한시도 한가할 틈이 없었다. 누군가와 소통하다 보니 블로그가 점점 재미있어지고 신이 나서 계속 글을 쓰고 포스팅하게 된 것이다. 심지어 아기를 안고 있어서 글을 쓰기 힘들 때면 음성인식 기능으로 대충 하고 싶은 말을 쓰고 나서 아기를 재운 후에 컴퓨터로 퇴고를 거쳐 포스팅하곤 했다.

그 후로는 본격적으로 블로그에 재미를 붙여 시도 때도 없이 포스팅하기 시작했다. 컴퓨터 앞에 앉아서 글을 쓰는 것만이 내 유일한 낙이었다. 반면에 남편은 내 포스팅에 크게 관심을 두지 않고 오히려 컴퓨터 앞에 붙어있는 나를 보며 이따금 핀잔을 줬다. 그래도 나는 전혀 개의치 않고 포스팅을 이어나갔다.

그러던 어느 날, 내 글이 잘 검색되지 않는다는 사실을 깨달았다. 해결책을 마땅히 물어볼 곳도 없고 어떻게 해야 할지 몰라서 매일 넓디넓은 인터넷의 바다를 헤매기 시작했다. 그렇게 조금씩 쌓이는 지식을 통해서 좀 더 나은 글을 쓰다 보니 체험단 활동이라는 것을 접할 수 있었고, 더 나아가 나중에는 원고료나 협찬을 받고 각종 제품을 체험할 수 있게 되었다.

시간이 지날수록 아이히브, 쿠팡파트너스, 각종 적립금 등 여러 파이프라인이 생기며 수익이 다방면으로 점점 늘어나기 시작했다. 나는 첫아기를 키우는 28개월 동안 아기 로션이나 아기용 세탁 세제는 단 한 번도 돈을 주고 사본 적이 없다. 오히려 산더미처럼 쌓여서 나눠줘야 할 지경이었다. 기저귀도 신생아 때를 제외하고는 항상 협찬받았고, 아기용 소파나 어린이집 이불처럼 나름 고가의 제품도 협찬을 통해 무료로 사용했다. 처음에는 내 일에 관심이 없던 남편도 수익이 생기고 자꾸 물건이 들어오니 어느새 협조하기 시작했다. 내가 사진을 찍으려고 하면 아기를 데리고 놀아주거나 잘 나오는 각도를 잡을 수 있게 도와줬다. 비로소 남편이 내 일을 인정한 것이다.

블로거는 돈을 쓰기보다
벌면서 육아한다

급작스러운 육아휴직으로 인해 내 급여는 420만 원에서 100만 원으로 줄었다. 생활비 320만 원이 줄어든 상황에 나는 어떤 행동을 취했을까? 처음에는 남들처럼 무조건 지출을 줄여야 한다고 생각했다. 당연한 말이다. 하지만 지출을 줄이는 데도 한계가 있었다. 이미 내가 출근을 하지 않아서 품위 유지비, 식비, 유류대 등이 들지 않는 상황이었다. 집에만 있는데 대체 무엇을 더 줄이란 말인가? 그래도 다른 방법을 몰랐기에 온종일 소위 핫딜^{hot deal}만 찾아 헤매느라 손에 스마트폰을 달고 다녔다.

아이가 점차 커가면서 필요한 것이 주 단위로 생겨났다. 모든 걸 매번 구입하기에는 지출이 매우 컸다. 남들이 하는 걸 다 해주면서 키우는 것도 아닌데 지출은 끝이 없었다. 아낀다고 아꼈지만, 따지고 보니 내 시간을 모두 쏟아서 인터넷을 헤맨 대가가 고작해야 몇천 원에서 많으면 1만 원을 아끼는 정도였다. 막상 실제로 계산해보니 헛웃음이 나왔다. 직장에 다닐 때만 해도 내 일당이 얼마였는데, 턱도 없는 금액이었다.

잠깐 그렇게 고민한 후 이성적으로 다시 생각해보니 회사에 다니지 않는 이상 내 일당은 0원이었다. 시간을 많이 들여서 고작 몇천 원을 아낀다 해도 그저 아낄 수만 있으면 되는 것이었다. 그래서 내 블로그에서 본격적으로 수익화가 일어나기 전까지 육아휴직 중의 내 삶은 절약할 수 있는 부분을 찾고, 수입보다는 지출을 줄이는 삶이었다. 그러나 수익형 블로그에서 답을 찾은 지금은 제품의 상태와 질을 보고 괜찮다면 큰 망설임 없이 사는 수준이 되었다. 즉 몇천 원 아끼자고 여기저기 기웃거리기보다는 그냥 그 시간에 글을 한 편 더 쓰는 길을 선택했다. 지금은 내가 포스팅하는 한 편의 글이 10만 원 이상의 가치라고 자신 있게 말할 수 있기 때문이다.

육아휴직을 마치고 회사에 복직한 후 6개월 만에 둘째가 생겼다. 둘째 아이를 임신했을 때도 역시 입덧 때문에 몸이 너무 힘들어서 일주일에 글을 한 편도 채 쓰지 못했다. 심지어 의뢰받은 포스팅인데도 대충 써서 올려버린 적도 있었다. 그렇게 입덧이 끝나기까지 약 석 달 동안 내 블로그는 엉망진창이 되었고, 대충 쓰는 블로거라고 소문이 났는지 마케팅 업체에서 들어오던 원고 의뢰도 뚝 떨어졌다. 매달 100만~200만 원의 소득을 가져다줬던 내 블로그는 월 50만 원의 수입을 가져오는 블로그로 폭락했다.

이후로 나는 블로그 수익을 다시 회복하기 위해 꾸준하게 노력했다. 우선 공들여서 양질의 글을 계속 쓰고, 평소에는 관심도 없던 마케팅 업체의 제안서에 친절하게 답변을 보내기까지 했다. 어느 때는 원고료 없이 제품만 받고 글을 써주기도 했다. 이런 노력이 효과가 있었는지 내 블로그는 조금씩 회복하기 시작했다. 성실하고 꾸준하게 포스팅하고 내용을 풍요롭게 하는 것이야말로 블로그를 키우는 가장 좋은 방법이라는 진리를 새삼 깨달았다. 3,000명대까지 떨어졌던 일일 방문자 수가 점차 늘어나 다시 5,000명에서 1만 명 사이를 오가기 시작했다. 또 하나의 노하우가 생긴 것이다.

경제력이 곧
자신감이 된다

이처럼 블로그로도 나름 만족할 만한 수익을 얻게 되었으나 또 다른 수익 창구를 만들고 싶어졌다. 둘째를 낳고 나면 회사로 영영 돌아가지 못할 수도 있다는 생각 때문이었다. 사실 회사에서 나를 받아줄

지도 의문이었지만, 나 역시도 어린아이 둘을 놔두고 출근할 자신이 없었다. 첫째가 16개월쯤 되었을 때 돌발진에 걸린 적이 있다. 아기를 돌보기 위해 남편과 돌아가며 연차를 쓰면서 몹시 고생했다. 물론 회사에서도 내 사정을 이해해줬지만, 개인 사정으로 인한 급작스러운 업무 공백은 분명 동료들을 힘들게 했을 것이다.

하지만 둘째까지 태어난다면 가벼운 감기조차도 서로 옮기고 옮는 일이 일상일 텐데, 남편과 내가 연차를 쓰면서 돌보는 게 가능할까 싶었다. 아니, 그전에 그만큼의 연차가 남아있긴 할까? 아직 닥치지 않은 일이지만, 대비해서 나쁠 것은 없다고 생각했다. 그래서 나는 둘째 임신 중에 베베헤븐이라는 워드프레스(오픈 소스로 블로그를 제작할 수 있는 소프트웨어) 블로그를 개설해서 그곳에 구글 애드센스 광고를 승인받았다. 또 각종 제휴마케팅을 통해 여러 방면에서 수익을 얻을 수 있도록 기능을 하나씩 추가하고 있다. 한 가지 더 구상 중인 것은 스마트스토어나 블로그 마켓이다. 그리고 언젠가 육아 관련 서적을 한 권 내고 싶다는 소소한 꿈도 있다.

여러분도 나와 다를 바 없다고 생각한다. 우리가 원하는 것은 엄청난 것이 아니다. 그저 내가 내 아이를 직접 육아할 수 있는 환경, 그리고 소소한 수익과 자존심 회복이 전부다. 다시 한번 이야기하지만, 떨어진 자존감을 되찾을 수 있는 가장 좋은 방법은 경제력을 회복하는 것이다. 그것이 반드시 일확천금일 필요는 없다. 치킨값 정도부터 시작해보자. "내가 블로그 운영해서 번 돈으로 먹는 거야!"라며 가족들 사이에서 으스대며 먹는 행복한 저녁 식사를 생각하면 벌써부터 기분이 좋아질 것이다.

그리고 남편이 친구를 만나러 간다고 하면 "일찍 와!"라는 말 대신에 뒷주머니에 슬쩍 5만 원을 찔러 넣어주며 "재밌게 놀다 와!"라고 말할 수 있는 여유를 가져보자. 나는 육아휴직 기간에 블로그를 시작해서 휴직 기간이 끝날 무렵에는 본격적으로 블로그 수익화를 이뤘다. 이 책을 집필하던 시기 역시 여전히 회사에 다니는 워킹맘이었고, 첫째 아이를 돌보는 육아맘이자 둘째 아이를 품은 임산부였다. 그런데도 블로그를 운영하는 데는 큰 무리가 없었다.

원한다면 당신도
N잡러가 될 수 있다

자, 이제 어떤 생각이 드는가? 한 가지 대답만 아니라면 어떤 대답이든 좋다. 바로 "대단하다!"라는 말이다. 나는 이 책을 통해 'N잡러(본업 외에도 여러 부업과 취미활동을 즐기며 시대 변화에 언제든지 대응할 수 있도록 전업이나 겸업을 하는 사람)'라는 게 대단한 일이 아니라 누구나 할 수 있는 일이라는 것을 이야기하고 싶다. 이 일은 초 단위로 시간을 쪼개서 써야 하는 나와 같은 상황에 놓여있어도 누구나 충분히 할 수 있는 쉬운 일이다.

세상에는 수많은 자기계발서와 다양한 수익화에 대한 정보가 넘쳐나지만, 여전히 대다수의 사람은 관심을 두지 않고 살아가고 있다.

알고도 실천하지 않으면 아무것도 달라지는 것이 없다. 블로거가 아니라면 지금 블로그를 개설해보자. 그리고 블로그에 한 달만이라도 꾸준하게 글을 써보자.

나는 블로거라는 N잡에 처음 도전하는 여러분에게 친절한 길잡이가 되기 위해 이 책을 썼다(이 책의 모든 자료와 내용은 원고 집필 시점을 기준으로 작성 및 사용했다). 누구나 이 책을 통해 다양한 인사이트를 얻고 궁극적으로는 삶의 활력과 경제적인 여유를 찾길 소망한다.

차례

2장 블로그 운영 한 걸음씩 배워보기

3장 수익형 블로거로 N잡러의 꿈을 이루다

4장 수익형 블로그는
내 인생의 든든한 보험이다

1장

수익형 블로그,
시작만 해도
길이 열린다

평범한 직장인에서
갑자기 휴직자가 되다

롱런하는 커리어우먼이
되고 싶었다

대부분의 20~30대 여성들처럼 나도 어린 시절부터 입시와 취업을 목표로 경주마처럼 달려서 대학교에 입학했다. 그리고 시간이 흘러서 대학교를 졸업하면 전공과 관련된 회사에 들어가 평범한 직장인의 삶을 살게 되리라 생각했다. 다만 남들과 조금 다른 점이 있다면 전공에 흥미를 느끼지 못해 중간에 학교를 그만두고 나서 새로운 분야를 발견해 학점은행제를 통해 스스로 학사학위를 취득했다는 것이다. 시대가 변하면서 직업의 생성과 소멸은 끊임없이 반복되지만, 대학교에서 가르치는 전공은 그 변화의 속도를 따라가지 못한다는 게 내 생각이다. 게다가 세상에는 내가 운영하는 블로그처럼 전문지식이 전혀 필요 없는 분야가 점점 늘어나고 있다.

현재 건축 분야 13년 차 경력자인 나는 내 직업을 정말 사랑한다.

비록 현장 업무에 제약이 많이 따르는 여자 기술자지만, 기술인협회에 등재된 기술자라는 사실이 언제나 뿌듯함을 안겨준다.

나는 항상 입사 면접을 볼 때면 자신 있는 목소리로 이렇게 말하곤 했다. "이 분야에서 최고가 되겠다고 말씀드리지는 못합니다. 하지만 롱런하는 커리어우먼이 되겠습니다!" 이런 내 당당한 포부를 들은 대부분의 면접관은 고개를 끄덕이며 좋아했다. 그리고 롱런하는 커리어우먼의 삶이야말로 실제로 내가 원하는 삶이었다.

육아로 인해
경제 공백이 생기다

그렇게 한 회사에 입사해 그간 바라던 커리어우먼의 삶을 살며 10년 정도 돈을 모으다 보니 결혼 비용으로 종잣돈 1억 원을 모을 수 있었다. 내가 원하는 남편상은 단순했는데, '나와 대화가 잘 통하는 성실한 남자'가 그것이었다. 돈이야 나도 벌고 있으니 크게 신경 쓰지 않았다. 재산도 필요 없었다. 같이 벌어서 모으면 된다고 생각했다. 하지만 결혼 후 첫째 아이를 임신하고 나서 이런 내 생각이 틀렸다는 것을 깨달았다. 출산과 육아로 인한 경제 공백을 미처 생각하지 못했던 것이다. 그간 꾸준한 수익원이었던 내 급여는 약 1/4로 줄어든 육아휴직 급여로 대체되었다. 수입이 줄어들자 저축은 전혀 엄두도 못 내고 한 달 벌어서 한 달 동안 먹고사는 생활이 이어졌다.

게다가 아기를 낳은 후에는 매일 이어지는 새벽 수유로 잠도 제대로 이루지 못했다. 여느 때와 같이 아기가 배고프다고 우는 통에 겨우 일어나 비몽사몽간에 수유하던 어느 날의 일이다. 정신이 반쯤 나간 채 아기를 멍하니 바라보다 문득 15년 전의 기억이 떠올랐다. 아는 분의 아내에 관한 이야기였다. 그분은 홍익대학교에서 미술을 전공한 재원이었는데, 결혼 후에는 전공과 관련된 능력을 펼치지 못하고 집에서 살림과 육아만 주로 하고 있다고 했다. 당시 철없던 20대 초반의 나는 '그럴 거면 뭐하러 대학을 가? 그냥 신부수업이나 받지. 등록금 아깝게…'라고 구시렁거리며 나는 절대 그렇게는 살지 않겠노라고 다짐했다.

그런데 지금 내가 육아를 하면서 생각해보니 그분이 어떤 마음으로 본인의 커리어를 포기하고 전업주부가 되었는지 크게 공감할 수 있어서 가슴이 미어지고 속이 답답해졌다.

'앞으로 나도 그분처럼 될까?' 이처럼 육아휴직을 하는 동안 미래에 대한 불안감은 내내 나를 괴롭혔다.

아기라는 축복과
동시에 찾아온 산후우울증

나는 첫째 아이를 임신했을 당시 출산 2주 전까지 회사에 출근했다. 그 뒤 출산 휴가에 들어갔는데 출산일까지 겨우 2주 남짓 남은 상태에서도 무료함을 견디기 힘들었다. 그래서 주로 친한 친구를 만나거나 회사에 놀러 가서 친한 동료와 점심을 같이 먹으며 기분 전환을 시도했으나 큰 도움이 되지는 않았다. 직장생활을 하며 회사에 다닐 때는 항상 휴가에 목말라하던 나였는데, 내 의지와 상관없이 갑작스럽게 시작된 휴가는 의외로 나를 많이 우울하게 했다. 특히 출산이 가까워질수록 누워서 숨만 쉬는데도 힘이 들었다.

그래도 아기를 출산하고 나면 모든 고생이 끝날 줄 알았다. 하지만 세상 밖으로 나온 내 딸은 잠도 잘 안 자고 분유도 잘 먹지 않는 아기였다. 잠깐이라도 품에서 내려놓으면 바로 깨서 울어대는 통에 밤새 아기를 안고 집 안을 서성였던 적도 있다. 그런 날은 아침에 출근하려고 방문을 연 남편이 아기를 안은 채 정신이 나간 모습으로 서있는 나를 보고 깜짝 놀라기도 했다.

결국 나에게도 산후우울증이 찾아오고야 말았다. 우울감이 극에 달한 어느 날, 젖먹이에 불과한 아기를 남편에게 맡기고 집을 뛰쳐나왔다. 꼬질꼬질한 수유복을 입은 채로 차에 타서 아무 생각 없이 시동을 걸고 무작정 고속도로 위를 달렸다. 그러나 얼마 가지도 않았는데 수유 시간이 다가왔다는 사실을 온몸으로 느낄 수 있었다. 나는 그저 아기를 갓 낳은 산모일 뿐이었다. 그렇게 나는 젖이 차올라 돌덩이가 된 아픈 가슴을 부여잡고 울면서 반강제로 귀가했다.

주변 사람들은 평소 내 성격을 알고 있었기에 그 누구도 내가 산후우울증에 시달릴 거라고 예상하지 못했다. 나조차도 몰랐다. 엄마는 늘 나에게 "너는 너무 낙천적이야"라고 이야기하곤 했다. 엄마의

야단도 웃어넘기는 내 낙천적이고 밝은 성격 때문이었다. 하지만 이런 나도 호르몬의 변화 앞에서는 무력했다. 육아에 지치다 보니 아기가 잠이 들면 옆에 누워서 맥없이 스마트폰 화면만 쳐다보곤 했다. 그리고 그 와중에도 생활비를 아끼겠다며 핫딜을 찾아다니곤 했다. 물건 하나를 두고 며칠 동안 가격이 내려가기를 기다리며 구매를 망설이는 나를 보던 남편은 그럴 바에는 하루라도 빨리 사서 사용하는 것이 이득이라며 속없는 소리를 했다. 그런 무심한 남편의 말은 또 내 속을 상하게 했다.

절약하던 구매자에서
수익을 내는 창작자로

육아 비용을 아끼기 위해 아기가 자주 쓰는 낮 기저귀는 조금 저렴한 것을 사고 잘 때 사용하는 밤 기저귀는 조금 비싼 제품으로 구입했다. 내심 마음 한구석이 걸렸는지, "엄마가 낮에는 싼 거 쓰라고 하네"라며 아기에게 장난스럽게 이야기하는 남편에게 웃으며 농담으로 대꾸할 수 없었다. 오히려 나 좋자고 그런 거냐며 닭똥 같은 눈물을 뚝뚝 떨어뜨려 남편을 당황하게 했다.

이후에도 나는 생활비를 아껴야 한다는 명령어가 입력된 알파고처럼 매일 어떻게든 지출을 줄이기 위해 부단히 노력했다. 아기 이유식에 필요한 냉동 생선 큐브는 기성품이라 무척 비싸서 비용을 절약하기 위해 한 번도 사본 적이 없는 생물 생선을 통째로 구입해 찜기로 찌고 얼려놓기까지 했다. 아기 장난감은 나라에서 운영하는 장난감 도서관에서 한 달에 한 번씩 무료로 장난감을 빌려서 놀고 반납했다. 아기 옷은 중고거래 앱을 통해 얻거나 저렴하게 사들여서 뜯어진 곳은 손바느질하고 더러운 곳은 과탄산소다로 때를 뺐다. 이렇듯 집안 경제 상황을 위해 다방면으로 늘 신경 썼다.

　육아휴직을 시작하고 처음 6개월 정도는 밤낮으로 매일 아이를 돌보고 짬이 날 땐 핫딜을 찾아 헤맸다. 또 이런 나를 온전히 다 이해해주지 못하는 남편과 싸우며 가끔은 혼자 밤새 울기도 했다. 그러다 블로그에 흥미가 생기고, 어느 순간부터 블로그를 통해 수익이 생기기 시작하자 자연스레 핫딜을 찾는 걸 멈추게 되었다. 몇천 원을 아끼기 위해 핫딜을 찾으며 시간을 낭비하는 것보다 그 시간에 생산적인 글을 하나 더 쓰는 것이 이익이라는 것을 깨달았기 때문이다. 지금 와서야 하는 말이지만, 나 또한 이제는 남편의 "하루라도 빨리 사서 쓰는 게 이득이야"라는 말에 적극 동의한다. 그리고 블로그로 인한 수익이 점점 늘어나고 다양해지자 우울증이 완전히 사라졌다.

탈출구를 찾아서
블로그에 도달하다

블로그가 당신의 삶에
활력이 되는 이유

처음 블로그를 시작해보니 기껏해야 사진 몇 장 올리고 짤막한 글을 쓰는 게 다였는데 이상하게 기분이 나아지기 시작했다. 아니, 정확하게는 우울할 틈이 사라졌다는 표현이 맞다. 원래 아기가 잘 때는 나도 함께 잠을 자야 새벽에 일어나 수유를 할 수 있었기에 나도 잠들기 일쑤였다. 하지만 블로그 운영을 시작한 후로는 유일한 자유 시간을 잠으로 허비하기 아깝다는 생각이 들어 자연스레 컴퓨터 앞에 앉아서 글을 쓰게 되었다. 수면 시간이 줄어들자 몸은 힘들어졌지만, 정신은 오히려 맑아지고 활력도 솟구치기 시작했다. 이게 뭐라고 마음이 편해지고 우울감도 눈에 띄게 줄어들었다.

지금 와서 곰곰이 생각해보면 아마도 생산적인 일을 한 것이 큰 도움이 된 듯하다. 반복되는 삶으로 지쳐가고 있을 때 무언가 새로운 것을 창작한다는 것은 꽤 기분이 좋아지는 일이다. 그것이 블로그 글쓰기와 같이 간단한 것일지라도 말이다. 나는 글쓰기를 선택했지만, 뜨개질로 재능 기부를 한다거나, 그림을 그리거나, 아기 옷을 만드는 등의 생산적인 활동은 모두 기분 전환에 도움이 된다.

하지만 대부분의 창작 활동은 큰 노력과 재능이 필요하다. 심지어 어떤 분야는 비용도 많이 든다. 반면에 블로그는 재능이 없어도 되고 노력보다는 꾸준함만 있으면 된다는 것이 큰 장점이다. 딱히 배우지 않아도 할 수 있는 만큼, 누구나 간단하게 시작해볼 수 있다.

블로그가 가진 또 한 가지 장점은 바로 사회성이다. 사실 네이버 블로그는 우리나라 최대 포털 사이트인 네이버에서 무언가를 검색했을 때 가장 노출이 잘되는 플랫폼 중 하나다. 내가 다른 사람들이 관심을 가질 만한 글을 블로그에 포스팅하면, 관련된 내용을 검색하던 사람들이 내 블로그에 들어와 내가 쓴 글을 읽고 댓글과 공감을 표시하기도 한다. 즉 내가 운영하는 블로그는 기본적으로 공개된 공간이라는 속성이 있고, 내가 포스팅한 문서 역시 저작권이 있는 일종의 출판물이라고 볼 수 있다.

경제력을 회복하면
자존감도 회복한다

나는 다시 돈을 벌면서 우울증을 완전히 이겨냈다. 내가 사람이 자존감을 회복하는 가장 좋은 방법으로 경제력 회복을 생각하는 이유는 바로 이런 경험 덕분이다. 육아휴직 수당을 받고 있음에도 여기에 더해 내 손으로 돈을 벌고 있다고 생각하니 기분이 좋아지고 모든 것에 새롭게 흥미가 생겼다.

내가 속한 육아 단톡방 구성원 중에 최근에 자판기 사업을 시작한 두 아이의 엄마가 있다. 비록 자판기를 꾸준하게 관리하기 위해서 아이를 종종 친정에 맡겨야 하지만, 그래도 매일 행복하고 뿌듯하다고 한다. 간혹 자판기에 문제가 생겨서 갑자기 출동해야 하는 바쁜 일상을 보내면서도 사장은 원래 바쁜 거라며 웃는 그녀의 모습을 보면 내가 다 신이 난다.

또 다른 엄마는 고기로 예쁜 기념 케이크를 만드는 일을 시작했다. 아직은 초보지만, 하나씩 배우는 과정이 대단히 재밌고 뿌듯하다고 한다. 이 역시 생산적인 일을 하면서 돈까지 벌게 되니 더욱 시너지가 발휘된 경우다.

나에게는 블로그가 그런 느낌이다. 그저 가볍게 글을 쓰던 일이 내 삶과 가치관을 이렇게 바꿔놓을 줄 누가 알았겠는가? 남편은 컴퓨터 앞에 자주 앉아있는 나를 보며 아내가 대체 무슨 일을 하는 건가 싶었겠지만, 그렇다고 해서 딱히 물어보거나 크게 관여하지 않았다. 이따금 같이 놀아주지 않는다며 서운함을 토로할 뿐이었다. 그래도 내 우울증이 눈에 띄게 호전되고 꾸준하게 육아용품을 협찬받으며 수익까지 내는 것을 보자 언젠가부터 내 팬이 되어 응원을 시작했다. 물론 여전히 큰 관심은 없는 편이다.

블로그를 아직 접해본 적이 없는 사람이라면 대체 이게 뭐라고 책까지 쓰면서 해보라고 권유하는지 궁금할 것이다. 하지만 나는 블로그를 통해 세상과의 소통 창구를 확보하고 수익화에 성공했으며 나아가 자존감까지 회복했다. 또한 둘째 아이를 임신했을 때도 큰 미련 없이 회사를 그만둘 수 있을 정도로 미래에 자신감이 생겼다. 회사에 다니는 와중에도 하루에 1시간 남짓 블로그에 투자하는 것만으로도 월 100만~200만 원의 수익이 꾸준하게 발생했다. 가장 큰 수익을 냈을 때는 현금만 400만 원 정도를 벌었다. 아마 지원받은 제품의 가격까지 포함해서 계산한다면 훨씬 클 것이다. 앞으로는 피치 못할 사정으로 퇴사하게 된다 해도, 오히려 블로그에 조금 더 많은 시간을 투자해 수익을 낼 수 있다. 물론 현재는 급여만큼의 수익을 내지는 못하지만, 아이들을 돌보면서 이 정도의 수입을 낼 수 있다는 것만으로도 블로그는 꽤 매력적이라고 생각한다.

블로그 운영을 추천하는
두 가지 이유

그동안 나는 주변 지인들에게 다음의 두 가지 이유를 들어서 블로그 운영을 시작할 것을 강력하게 추천해왔다. 첫 번째로, 인스타그램은 글보다는 사진을 주 표현 방식으로 쓰기에 사진에 감성을 담는다거나 공을 들여야 하고 상대적으로 분위기도 많이 신경 써야 한다.

유튜브 역시 영상을 편집해야 하기에 진입 장벽이 높은 편이다. 반면에 블로그는 내가 원할 때나 시간의 여유가 있을 때면 언제 어디서든 글을 쓸 수 있다. 회사에 다니는 직장인은 점심시간이나 커피 한잔 마실 시간을 이용해서 글을 쓸 수 있고, 전업주부는 아이들이 어린이집에 가있는 시간을 활용할 수 있다. 블로그는 신규로 개설하는 데도 5분이면 충분할 정도로 접근성이 좋다. 이것이 블로그를 추천하는 첫 번째 이유다.

두 번째 이유는 나를 크게 드러내지 않아도 된다는 점이다. 블로그는 인스타그램이나 유튜브처럼 팔로워나 구독자가 없어도 된다. 즉 인스타그램이나 유튜브는 '나라는 사람'이나 '나의 어떤 것'에 대한 매력을 발신해서 대중을 일종의 '팬'으로 만들어야 한다. 그리고 그렇게 모은 팔로워나 구독자에게 내 글이나 영상을 보여주는 플랫폼이다. 물론 해시태그나 알고리즘을 통해 불특정 다수에게도 내 콘텐츠를 보여주기는 하지만, 애초에 플랫폼 자체의 특성이 팔로워나 구독자가 많아야 흥하는 형태로 설계되어 있다.

반면에 블로그는 대부분 검색으로 인해 유입되므로 굳이 그럴 필요가 없다. 물론 이웃이나 서로이웃이라는 개념이 존재하긴 하지만, 어차피 포털에서 검색을 통해 들어오는 사람을 대상으로 글을 쓰므로 이웃 관리를 크게 신경 쓰지 않아도 운영에 전혀 문제가 없다.

이해가 잘 가지 않는다면 여러분이 최근에 네이버에서 무언가를 검색했던 기억을 떠올려보자. 대부분 궁금한 것이 생겼을 때 바로 네이버에서 키워드로 검색한 후 결과 화면에서 가장 위에 있는 글을 봤을 것이다. 이때 블로그 운영자가 어떤 사람인지, 블로그의 디자인이 예쁜지 등에 관심을 가져본 적이 있는가? 대부분의 사람처럼 나역시 단 한 번도 그런 적이 없다. 여러분도 네이버를 이용하면서 디자인이 예뻐서 유독 기억에 남거나 작성자에 관심이 생겨서 다시 찾았던 블로그가 있는지 생각해보면 금방 답이 나올 것이다.

만약 단순한 정보 탐색이 아니라 내가 관심 있는 주제를 검색했다면 꾸준히 관련 주제를 포스팅하는 블로그를 발견할 수도 있다. 그럴 때 유익한 정보를 계속 얻기 위해 해당 블로그를 이웃으로 추가해 구독할 수도 있다. 그러나 대부분의 사람은 스크롤을 내려 원하는 정보만 빠르게 습득하고 블로그를 빠져나간다. 결국 검색자는 블로거가 포스팅한 글에 본인이 찾는 정보가 있는지, 혹은 추가로 얻을 수 있는 정보는 무엇이 있는지 정도에만 관심이 있을 뿐이다.

따라서 정보를 찾는 사람을 위해서라면 블로그를 굳이 예쁘게 꾸밀 필요가 없다. 그저 본인이 다루고자 하는 주제로 꾸준하게 양질의 글만 쓰면 된다. 또한 대부분의 사람이 블로거에게는 크게 관심을 두지 않는 만큼, 부정적인 이미지만 아니라면 내 이미지를 크게 염려하지 않아도 된다. 즉 블로그에는 어떤 이슈에 관해 개인적인 의견을 적는 것도 가능하다. 부담 없이 당장 시작할 수 있고, 하는 만큼 수익도 낼 수 있는 유일한 플랫폼이 바로 블로그다.

가볍게 시작한 블로그에서
N잡러의 길이 열리다

진심을 담은 콘텐츠는
공감을 이끌어낸다

나 역시 처음부터 블로그를 수월하게 운영한 것은 아니다. 처음에는 그냥 글 없이 사진만 올리거나 글을 대충 포스팅했다. 특별히 남에게 보여주고자 쓴 글이 아니라 내 개인적인 감상을 담았기에 더욱 그랬다. 어쨌든 블로그 덕분인지는 몰라도 시간이 지날수록 산후우울증이 점점 사라지는 것을 느낄 수 있었다.

시간이 좀 더 지나자 그동안 많이 힘들었던 일을 잊어버리기 전에 기록으로 남기고 싶다는 생각이 들었다. 당시에 내가 어떤 생각을 했고 무엇이 나에게 상처가 되었는지 글로 기록해뒀다가 언젠가 남편에게 보여주고 이해받고 싶어서였다. 컴퓨터 앞에 앉아서 내가 앓았던 마음의 병과 남편에게 서운했던 일들을 생각나는 대로 적었다. 맞춤법이나 가독성은 생각하지 않고 그냥 머릿속에 떠오르는 대로 글을 썼다. 경험담이라 그리 어렵지 않게 금방 쓸 수 있었다. 그렇게 사신 한 장 첨부하시 않은 일기장 같은 글을 순식간에 완성했다.

그런데 그 글이 소위 말하는 대박이 났다. 원고를 쓰는 현재 기준으로 거의 2년 전에 포스팅한 글인데도 아직도 들어와서 읽는 사람들이 있고, 누적 조회 수는 9,000회가 넘었다. 물론 지금은 내 블로그에 있는 글 중에 이보다 조회 수가 훨씬 많은 글이 수도 없이 많지만, 이때는 내 블로그가 아직 성장하기 전인 데다가 사람들이 검색해서 들어오게 할 목적으로 쓴 글이 아니라 마음이 가는 대로 쓴 글이었기 때문에 더 의미가 컸다.

게다가 조회 수만 높은 게 아니라 댓글도 120개 넘게 달렸다. 블로그를 시작한 지 얼마 되지 않았던 터라 이웃들이 눌러준 공감이나 댓글도 아니었다. 대부분 검색창에 관련 키워드를 검색해서 들어와 내 글을 읽은 사람들이었다. 그래서 댓글을 쓴 사람은 대부분 나와 같은 상황에 놓인 사람들이거나 산전·후우울증을 겪는 사람의 지인 혹은 남편이었다. 이토록 많은 사람이 내 처지에 깊이 공감하며 내 글을 읽고 장문의 댓글을 남긴 것이다. 나 또한 내가 힘들었던 기억을 더듬어가며 그분들에게 성심성의껏 답변을 달아드렸다. 이렇게 나는 블로그를 통해 방문자와의 첫 소통을 시작했다.

처음에는 남편이 읽고 반성했으면 하는 바람으로 쓴 글이었지만, 이 글은 나를 본격적인 블로거의 길로 이끌어준 소중한 글이 되었다. 이 밖에도 아기가 분유를 잘 먹지 않아 젖병 대신에 일일이 숟가락으로 떠먹이던 사연을 쓴 글 역시 많은 공감을 얻어 높은 조회 수를 기록했고 댓글도 많이 달렸다.

이렇듯 나와 방문자 사이에 특정한 주제로 공감대가 형성되면서 블로그를 이용해 자연스럽게 육아 관련 소통을 하게 되었다. 그리고 내 블로그의 주제도 '육아'로 윤곽이 잡혔다. 온종일 아기와 둘이 있으니 대화할 사람이 없어서 매일 입에서 단내가 날 지경이었는데, 손가락으로 자판을 두드려 사람들과 소통하자 신기하게 단내가 더 이상 나지 않는 느낌이었다.

성장 속도가 눈에 보이면
의욕이 생긴다

이렇게 블로그에 본격적으로 흥미를 갖고 글을 쓰게 되자 두 가지 문제에 봉착했다. 첫 번째는 글을 쓰는 것이 익숙하지 않아 한번 쓰려면 아주 오랜 시간이 걸린다는 것이고, 두 번째는 그렇게 열심히 글을 써도 사람들이 전혀 들어오지 않는다는 것이었다. 첫 번째 문제는 시간이 지나면서 글쓰기 실력이 늘면 해결되리라고 믿었지만, 두 번째 문제는 어떻게 해결할 수 있을지 방법이 떠오르지 않았다. 내 주변에는 블로그를 운영하는 사람이 한 명도 없던 터라 아무리 둘러봐도 해결 방법을 알려줄 만한 사람이 없었고, 배울 곳도 마땅치 않았다.

누구나 블로그를 운영하다 보면 이런 문제에 봉착하거나 궁금한 것들이 생기기 마련이다. 하지만 대부분 딱히 물어보거나 이야기를 나눌 사람이 없다. 나 역시 인터넷의 바다를 헤엄치며 직접 손품을 팔아서 정보를 수집했다. 왜 내 생각보다 조회 수가 나오지 않는지, 어째서 사람들이 내 글을 읽지 못하는 것인지에 대한 실마리를 조금씩 잡아갔다.

그리고 그렇게 알아낸 정보를 블로그에 하나씩 기록했다. 자기계발서보다 실용서를 선호하는 나였기에 문제를 해결할 방법을 구체적으로 제시하고 대안을 조목조목 담은 글을 써서 블로그에 포스팅했다. 그러자 나와 비슷한 궁금증을 가진 사람들이 내 글을 보고 해답을 찾았고, 자연스럽게 내 블로그에 방문하는 사람이 늘어났다. 이를 통해 조회 수가 꾸준히 늘어 1년이 지나자 일일 조회 수가 6,000회~1만 회 사이가 되었다.

참고로 6,000회와 1만 회는 약 4,000회 정도의 차이가 있는데, 이렇게 차이가 큰 이유는 평일과 주말의 조회 수 차이 때문이다. 맛집이나 여행 이야기를 많이 다루지 않는 내 블로그는 주말이나 공휴일이 되면 상대적으로 조회 수가 떨어지는 편이다. 반대로 주말에 검색이 많이 이뤄지는 내용을 주제로 한 블로그들은 평일에 방문자 수가 낮아지기도 한다.

어쨌든 이런 과정을 통해 내 블로그의 이웃이나 검색으로 찾아오는 방문자 수가 확연히 늘어났다. 물론 댓글과 공감도 증가했다. 유입량이 증가하는 것을 지표로 직접 확인하자 글쓰기에 더욱더 가속이 붙었다.

서로이웃 관리는
본인의 주관에 따르자

점차 블로그의 규모가 커지자 할 수 있는 것도 늘어났다. 조금씩 수익이 생기고 나를 벤치마킹하는 블로거가 생겨났다. 나는 그들과도 꾸준히 소통하며 블로그를 운영한다. 초기에는 이웃들의 블로그를 방문해 글도 읽고 그들의 생각도 보며 소통했지만, 시간이 지날수록 그럴 여유가 없어 '답방(내 글에 댓글을 남긴 사람의 블로그를 방문해 나도 댓글이나 공감 등을 남기는 것)'을 가지 않게 되었다. 그 시간에 해야 할 일이 많아졌기 때문이다.

이 부분은 본인의 가치관에 따라 다르게 생각할 수 있다. 나는 시간이 갈수록 반드시 이웃과 소통을 많이 해야 하는 건 아니라고 생각하게 되었다. 그보다는 네이버 검색을 통해 내 블로그에 들어오는 유입 방문자를 더욱 신경 썼다. 그래서 블로그 규모에 비해 서로이웃, 혹은 소위 말하는 '진성 이웃'이나 '찐 이웃'이 거의 없는 편이다. 서로이웃은 인스타그램의 맞팔로우와 같은 개념으로, 블로그에서 서로이웃을 맺는 것은 이웃(팔로워)을 늘릴 수 있는 좋은 방법이다.

그러나 나는 단순히 이웃 수에 집착해서 의미 없이 이웃을 늘리기 위해 요청하는 이웃 신청에 일일이 대응하고 싶지 않아 2년 정도 서로이웃 기능을 막아놓았다. 그런데도 순수하게 내 블로그를 보고 싶은 사람들이 나를 조건 없이 이웃 추가했다. 현재 내 서로이웃은 100명이 채 되지 않는 상태를 쭉 유지하다가 지금은 블로그 운영에 여유가 생겨서 다시 신청을 받는 중이다. 참고로 서로이웃은 최대 5,000명까지 가능하다.

　각자 블로그를 운영하는 자기만의 스타일이 있다. 이웃 관리에 많은 공을 들이는 사람들도 있다. 나중에 블로그를 하나의 브랜드로 퍼스널 브랜딩personal branding할 생각이라면 그것도 좋은 전략이라고 생각한다. 특히 본인의 블로그에서 어떤 이벤트를 하거나 무언가를 홍보하고자 할 때는 찐 이웃이 많으면 많을수록 도움이 된다. 하지만 우리의 궁극적인 목표 대상은 네이버 검색을 통한 유입 방문자들이라는 것을 잊지 말아야 한다. 따라서 이웃 관리는 어느 정도 하되 너무 관리에만 치중하지 않는 것이 좋다. 블로그를 운영하다 보면 내 글에 큰 흥미도 없으면서 "잘 읽었습니다. 제 블로그에도 놀러 오실 거죠?"라는 식의 댓글을 다는 사람을 많이 보게 된다. 그러나 대부분은 실제로 내 글을 다 읽지도 않고 답방만을 바라므로 체류 시간(검색자가 특정 페이지에 머물면서 글을 읽는 시간) 하락의 원인이 된다. 의미 없는 품앗이(서로 블로그에 가서 댓글을 써주고 체류해주는 행위)를 하지 말라는 이유가 바로 이 체류 시간 때문이다.

　나는 체류 시간이 블로그 평가 지수에 영향을 끼친다고 생각한다. 그래서 진짜로 내 글을 읽기 위해 블로그에 방문한 사람의 댓글에는 정성스럽게 답변을 달지만, 본인의 블로그도 방문해달라고 은근히 요구하거나 이웃을 늘리려는 목적을 가진 사람들의 댓글은 다시 찾아오지 않도록 댓글조차 달지 않고 무시한다. 물론 서로이웃을 잘 활용한다면 글을 포스팅한 초기부터 체류 시간이 증가하고 공감이나 댓글이 활발하게 달려 글에 대한 반응도가 좋아지므로 상위 노출(네이버에서 키워드를 검색했을 때 검색 결과 중에서도 상위권에 내 블로그가 나오는 것으로, 수익형 블로그에 매우 중요한 요소)에 영향을 줄 수 있다. 다만 답방은 일일이 여러 블로그를 방문해야 하기에 생각보다 많은 시간이 필요하고, 딱히 관심 없는 글에 체류하고 댓글을 쓰는 것이 힘들 수도 있으므로 되도록 내 주제와 비슷한 블로거와 서로이웃을 맺고 투자 시간을 생각하며 적당하게 관리하는 것이 좋다.

원칙을 정해서
수익형 블로그 운영하기

블로그 운영은
꾸준함이 키워드다

첫아기를 낳고 육아휴직에 들어갔을 때는 하루에 2~3시간 정도 글을 쓰는 데 투자했다. 하지만 복직 후에는 하루에 1시간 정도만 블로그를 운영하는 데 투자했다. 시간을 더 할애한다면 많이 포스팅할 수 있고 당연히 그만큼 수익도 늘어날 것이다. 하지만 주 5일, 하루에 1시간만 투자하자는 것이 본업과 블로거라는 N잡러를 성공적으로 유지하는 나만의 운영 원칙이다. 또한 퇴근 후의 시간과 주말 및 공휴일은 온전히 가족과 함께 시간을 보내야 하므로 블로그 관련 일을 거의 하지 않는다. 그래서 그런지 남편은 대체 내가 언제 이렇게 많은 글을 쓰는지 어리둥절해하는 눈치다.

출산 이후 회사에 복직하면서 블로그 운영에 투자하는 시간이 자연스럽게 줄어들었고 이웃과의 소통은 아예 할 수 없게 되었다. 하지만 내가 블로그에 글을 포스팅하면 여전히 사람들이 방문하고, 댓글이 달리며, 수익이 생겼다. 이때 나는 블로그는 인스타그램과는 달리 사람들과 크게 소통하지 않아도 운영에 아무런 지장이 없다는 것을 깨달았다. 얼마 전까지만 해도 사람들과 소통하며 즐거움을 느끼고 공감하는 재미에 신나서 글을 썼던 나였는데 말이다.

당시 내 블로그는 점차 성장해 블로그 내의 모든 활동이 수익과 직결된 상태였다. 이런 상황에서 복직으로 인해 시간 여유가 줄어들자 굳이 소통하지 않아도 블로그 운영과 수익에 지장이 없다는 점이 다행이라고 생각했다. 일상, 소통형 블로그에서 완전한 수익형 블로그로 전환하는 순간이었다. 하지만 서로 소통하지 않더라도 내 글에 관심을 두거나 검색을 통해 블로그에 찾아온 사람들에게는 항상 성의껏 답변을 달았다.

나는 블로거를 전업으로 삼는 것을 반대하는 입장이므로 여러분에게 온종일 블로그 운영에 매달리는 것을 추천하지 않는다. 여러분이 설령 전업주부라고 해도 말이다. 블로그를 운영할 때는 일상생활과 블로그 운영 비율이 주객전도가 되지 않도록 자기만의 원칙과 구체적인 운영 계획을 세우는 것이 좋다. 이를테면 여러분이 아이를 키우는 전업주부일 경우, 아이를 등원시킨 후 10~12시 사이에 매일 글을 쓰는 것을 운영 원칙으로 정할 수 있다. 그래야 블로그를 효과적으로 운영할 수 있다. 만약 가족 행사가 있어서 그 시간에 글을 쓰지 못했다면 과감하게 쉬어도 된다. 그래야 생활에 지장을 주지 않는 선에서 오래도록 블로그 운영을 지속할 수 있다.

이후 다시 언급하겠지만 블로그 운영에서 가장 중요한 것은 꾸준함이다. 글을 하루에 5편을 쓰든, 1편을 쓰든, 일주일에 2·3편을 쓰든 본인이 가장 길고 꾸준하게 할 수 있는 방법을 찾아서 페이스를 유지해야 한다. 하루에 1시간만 운영하도록 시간을 정해서 하는 것이 초반에는 어렵겠지만, 익숙해질수록 점점 시간을 단축할 수 있으므로 너무 걱정하지 말자.

쉬어가도 괜찮다, 포기하지만 말자

내가 블로그로 월 수익 약 200만 원을 달성했을 때, 평소 블로그 운영을 권유했던 지인 중 몇 명이 200만 원이라는 수익에 혹해서 블로거에 도전했다. 나름대로 쌓은 나만의 노하우와 운영 방법을 상세하게 알려줬지만, 결국 모두 꾸준하게 운영하지 못하고 수익을 보기도 전에 블로거가 되기를 포기했다.

블로그를 운영하고 수익화하는 것은 딱히 재능이 없어도 누구나 할 수 있다. 엄청난 노력이 필요한 일도 아니다. 다만 단 하나, 반드시 지켜야 할 점이 있다. 바로 '꾸준함'이다. 누군가에게는 쉬울 수도 있지만, 또 다른 누군가에게는 가장 어려운 일일 수도 있다. 하지만 어느 분야에서나 꾸준함 없이는 원하는 바를 이루기 힘들다. 게다가 블로그를 꾸준하게 운영하는 것은 생각보다 어려운 일이 아니니 이

기회에 한번 도전해보자.

사실 우리가 평소에 하는 것 중에 꾸준하게 하는 것이 얼마나 많은가? 학창 시절에는 꾸준하게 공부하고, 취업 후에는 꾸준하게 회사에 다니며, 결혼 후에는 꾸준하게 육아나 집안일을 한다. 여기에 블로그를 추가하기만 하면 된다. 게다가 블로그를 꾸준하게 운영하는 기준은 네이버 로직이 판단하므로 어떤 면에서는 훨씬 더 쉽다.

네이버 블로그에서 정의하는 '꾸준함'은 일정 주기로 계속 글을 쓰는 것을 말한다. 네이버 블로그에는 예약 발행이라는 기능이 있어서 매일 글을 쓰지 않아도 원하는 날짜에 포스팅하도록 예약할 수 있다. 네이버는 올라온 글의 주기를 보고 블로그를 꾸준하게 운영하는지 판단한다. 주 5회 포스팅하는 블로그라면 시간이 남는 하루에 몰아서 5편의 글을 쓰고 나머지 4일은 쉬어도 된다. 하지만 아예 손에서 놓아버리는 것은 절대 안 된다. 블로그는 시작하자마자 바로 수익이 나는 것이 아니므로 끈기 있게 하지 못하면 중도에 하차하기 쉬운 분야다. 조금 하다가 "난 못해…"라고 하면서 좌절하거나 "아, 생각보다 잘 안 되네…"라며 제대로 발을 담그기도 전에 포기해버리면 아무것도 이루지 못하고 시간만 낭비한 채로 끝나는 것이다. 대부분의 사람이 자신 있게 블로그 운영에 도전했다가도 결국 취미생활이라고 스스로 합리화하며 대충 운영하다가 포기한다.

주 5일 운영이 버겁다면 처음에는 주 2~3회로 시작해보자. 무척 적은 횟수처럼 보일 수 있지만, 블로그를 키우는 데는 전혀 문제없다. 나중에 꾸준하게 포스팅할 수 있는 능력이 되면 그때 가서 주 4회,

주 5회로 점차 늘려가면 된다. 의욕만 앞서서 초기부터 하루에 2~3회씩 포스팅하는 것은 추천하지 않는다. 시간이 남는다면 앞서 말한 예약 발행 기능을 이용해 글을 미리 비축해두고 다른 글감과 키워드를 찾아보자. 예약글은 최대 100편까지 가능하다.

최근에는 지인 중 한 분이 앱으로 블로그를 조금씩 운영하기 시작했다. 아무래도 컴퓨터로 글을 쓰고 사진을 편집하는 사람보다 글의 완성도가 떨어지는 것은 어쩔 수 없다. 하지만 키워드를 잘 설정해서 남들이 쓰지 않는 주제 위주로 글을 포스팅하다 보니 시작부터 조회 수가 조금씩 나오기 시작했다. 그분은 큰 욕심도 없다. 그냥 한 달에 광고 수익으로 소소하게 커피값이나 벌었으면 좋겠다고 한다. 마음의 여유를 가지고 블로그를 운영하니 금세 커피값을 벌었다. 이분이 여기에 더해 앞으로도 꾸준히 블로그를 운영한다면 당연히 치킨값, 혹은 그보다 더한 수익도 얻게 될 것이다.

타인의 관심보다는
내 성장에 주목하자

블로그를 통해 점차 수익이 생기기 시작할 무렵의 일이다. 내 포스팅으로 수익이 생겼다는 게 신기하기도 하고 뿌듯하기도 해서 남편에게 내가 무슨 일을 하고 있고 얼마나 수익을 내고 있는지 이야기했다. 엄청난 호응을 예상한 건 아니었지만, 그래도 꽤 놀라워하며 대단하다고 칭찬해줄 거라고 기대했는데 생각보다 시원찮은 반응에 못내 서운했다. 그러나 블로그를 운영한 지 2년이 넘은 지금은 남편의 주변 사람들이 육아 관련 검색을 하다가 내 블로그를 봤다는 이야기를 전해주며 나보다 더 신나는 모습을 보인다. 게다가 아내가 블로그를 운영하면서 돈도 벌고 있다며 주변에 자랑도 한다고 하니 이제야 내 일을 어느 정도는 인정한 셈이다.

　또 초창기에는 친구들에게도 내가 블로그를 운영하고 있다는 사실을 털어놓았다. 꽤 많은 수익이 생겼다고 이야기하니 그들 역시 블로그로 돈을 버냐며 신기해했지만, 그걸로 끝이었다. 마지막으로 엄마에게도 이 사실을 이야기했더니 살짝 놀라긴 했지만, 글 열심히 포스팅해서 육아용품 많이 받자는 격려가 끝이었다. 지금이야 내가 블로그 이야기도 수시로 하고 수익에 관해서도 구체적으로 이야기하다 보니 내가 운영하는 블로그를 하나의 '일'로 봐주고 인정하지만, 그 당시에는 이처럼 다들 큰 관심이 없었다. 나는 블로그로 수익이 난다는 사실에 매우 놀랐고 성취감도 느꼈는데 다들 왜 그렇게 반응했을까? 곰곰이 생각해보니 다들 시큰둥한 반응을 보일 법했다. 대부분의 사람은 물건을 구매하거나 궁금한 게 생겼을 때 수시로 네이버라는 대형 포털 사이트에 접속해 정보를 검색하고 블로그에 들어간다. 그런데 막상 블로그를 운영하는 사람에 대해서는 아무런 관심도 없다. 그들은 그저 본인이 필요한 정보가 중요할 뿐이고 블로그가 무엇인지, 왜 수익이 나는지는 큰 관심이나 느끼는 바가 없다. 나 역시도 처음에는 그랬다.

여러분이 만약 블로그 운영으로 수익을 낸다 해도 블로그에 관심 없는 주변 사람들에게 이 일을 인정받기는 꽤 힘들다. 나는 그긴 전자책을 발간하고 각종 수익 금액을 공개해서 주변 블로거들에게는 충분한 관심을 받고 있다. 다만 나 역시 여전히 지인들에게는 크게 인정받지 못하는 편이다. 하지만 그렇다고 해서 그 사실에 서운해하지 말고 주변의 인정보다 오로지 나 자신의 변화에 주목하자. 성취감은 물론 자존감까지 얻을 수 있다. 블로그 운영을 통해 어떤 사람은 소소한 비밀 통장을 만들 수도 있고, 어떤 사람은 회사를 그만두고 가정에서 육아에 전념하는 기회를 얻을 수도 있다. 또 어떤 사람은 블로그 수익 통장을 따로 만들어서 여행 경비를 모으거나 차를 바꿀 계획을 세울 수도 있을 것이다.

! MISSION

블로그를 개설하면 첫 글로 이 블로그를 어떻게 운영할 것인지, 목표는 무엇인지에 관해 스스로 다짐하는 글을 써보자. 비공개로 포스팅해도 좋다.

:

2장

블로그 운영
한 걸음씩 배워보기

어떤 블로그를
만들지부터 정하자

블로그 이름과
닉네임 짓기

블로그 통계를 보다 보면 종종 '하율이네'로 검색해서 내 블로그에 들어오는 사람들이 있다. 육아 블로그를 운영하면서 수익을 내고 전자책도 발간하다 보니 내 블로그를 궁금해하는 사람들이 생겼기 때문이다. 다음 페이지의 사진처럼 네이버에서 '하율이네'라는 키워드로 검색하면 내 블로그와 네이버TV를 검색 결과로 볼 수 있다(원고 집필 시점 기준). 이처럼 네이버 검색엔진은 블로그를 하나의 사이트로 여겨 검색 결과로 노출해준다. 따라서 블로그 이름은 간단하고 남들이 기억하기 쉬운 이름으로 짓는 것이 좋다.

블로그 이름은 언제든지 바꿀 수 있으므로 처음부터 제대로 된 이름으로 지어야 한다는 부담은 갖지 않아도 된다. 물론 자주 변경하는 것은 내 블로그를 제대로 알리는 데 좋지 않으므로 적당한 이름을 생각해보는 것이 좋다. 단, 너무 긴 이름은 추천하지 않는다. 만약 내 블로그 이름이 '하율이와 지율이가 함께 성장하는 육아 블로그'였다면 검색을 통해서 들어오는 사람은 없었을 것이다.

<네이버 '하율이네' 키워드 검색 결과(PC/모바일)>

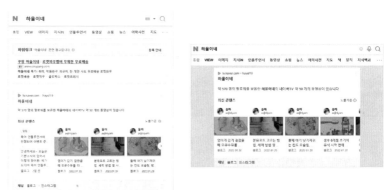

출처: 네이버

닉네임 역시 독특하면 좋다. 흔한 이름보다는 독특하고 나만 소유한 이름이 좋다. 나중에 인플루언서가 되면 사람들이 블로거 이름으로도 나를 검색할 수 있기 때문이다. 이를테면 나는 현재 인플루언서로 '율마'라는 필명을 가지고 있는데, 누구나 스마트폰으로 네이버에서 '@율마'로 검색하면 내 인플루언서 홈이 나온다. 블로그 이름과 닉네임을 짓기 전에 네이버 검색창에 먼저 고민 중인 이름을 한번 검색해보자. 내가 사용하고자 하는 이름이 어디에 어떻게 쓰이는지 먼저 확인한 후에 이를 참고해서 이름을 지어보자.

블로그 이름 짓기 노하우

육아 블로그를 운영하는 대부분의 사람이 블로그 이름에 자기 아이 이름을 넣는다. '○○맘' '○○엄마' 등의 이름으로 내가 사랑하는 아이의 엄마임을 표현하고 싶어서. 나 역시 처음에는 '하율이 엄마'라는 닉네임을 쓰고 싶었지만, '율맘' '하율맘' 등의 이름을 사용하고 싶지 않아서 고민 끝에 '하율마마'라는 뜻의 '율마'라는 닉네임을 지었다. '율마'는 피톤치드를 생성하는 유익한 식물의 한 종류이기도 하다. 하나의 이름에 두 의미를 가진 닉네임을 사용해 누군가의 엄마라는 한계를 벗어날 수 있는 느낌이라 선택했다. 이처럼 여러분도 흔한 '아기 이름 + 맘'보다는 독특하고 기억에 남는 이름을 지을 것을 추천한다.

지속 가능한
블로그 주제 정하기

네이버는 인플루언서라는 제도를 통해 검색 시 노출 면에서 더 유리한 위치를 차지할 수 있도록 지원하고 있다. 물론 꼭 인플루언서가 되어야만 하는 것은 아니지만, 된다면 당연히 노출이나 수익 면에서 더 좋으므로 블로그를 키울 때는 네이버 인플루언서가 되는 것까지 함께 목표로 삼으면 좋다. 인플루언서가 되려면 먼저 블로그의 색깔을 명확하게 해야 한다. 그러기 위해서는 주제를 정하고 시작하면 좋다. 즉 인플루언서가 되기 전까지는 웬만하면 한 가지 주제로만 콘텐츠를 생산하는 것이 좋다.

또한 카테고리는 미리 많이 구성하기보다는 바로 쓸 수 있는 2~3개 정도의 주요 카테고리만 만들고 시작해도 된다. 필요하면 조금씩 늘려가면 된다. 단, 너무 많은 카테고리는 좋지 않다. 카테고리가 너무 많으면 블로그의 주제가 다양해지기 때문이다. 반드시 전문 블로거가 되라는 것은 아니지만, 앞서 강조한 것처럼 블로그의 주제는 명확한 것이 좋다. 하지만 한 가지 주제만으로 글을 작성하는 것은 생각보다 쉽지 않기에 소주제를 1개 정도 추가하는 것까지는 괜찮다.

가장 좋은 방법은 처음에 한 가지 주제로 포스팅하다가 어느 정도 내 블로그의 색깔이 완연하게 드러난다 싶으면 서브 주제를 조금씩 포스팅하는 것이다. 그럼 지금부터 내 블로그의 주제를 한번 생각해보자. 내 경우를 예로 들면, 육아 일기를 쓰기 위해 블로그를 시작한 만큼 딱히 주제를 깊이 고민하지 않고 자연스럽게 육아 블로거가 되었다. 하지만 이제 막 블로그를 시작하는 사람은 자유롭게 주제를 정해서 시작할 수 있으므로 잘 생각해보는 것이 좋다. 오래도록 블로그를 지속할 수 있는 주제를 선택하기 위해서는 다음의 몇 가지 조건을 충족해야 한다.

내가 편하게 쓸 수 있는 분야

만약 블로거 본인이 익숙하지 않은 주제를 다루게 되어 한 번 포스팅할 때마다 주제에 대해 공부해야 한다면 피로도가 굉장히 높아질 것이다. 주제는 내가 잘 알고, 쓰기 쉬운 분야로 정해야 글쓰기가 어렵지 않다. 예를 들어서 나와 전혀 상관없는 '항공 우주'를 내 블로그의 주제로 삼았다고 가정해보자. 이럴 때는 관련 분야에 대해 아는 것이 전무하다 보니 글 한 편을 쓸 때마다 최소 1시간 이상 공부해야 한다. 결국 글을 쓸 때마다 스트레스를 받아서 곧 흥미를 잃게 될 것이다. 또한 용어도 낯설고 생소해서 본인이 작성한 글인데도 제대로 검증할 수 없으니 신뢰를 주지 못하는 블로거가 될 수도 있다. 반면에 내가 좋아하거나 잘 아는 분야를 주제로 선택한다면 글을 쓰는 속도도 빨라지고 공부를 하더라도 즐겁게 할 수 있다.

지속성 있는 주제

블로그를 1년만 운영하고 말 것이라면 두 번째 조건은 패스해도 좋다. 하지만 단기간만 운영하려고 블로그 운영을 시작하는 사람은 없을 것이다. 따라서 주제를 얼마나 지속할 수 있는지도 중요한 요소다. '지속성이 없는 주제'의 대표적인 예로 실시간 이슈를 들 수 있다. 실시간 이슈는 그 당시가 아니면 사람들이 더 이상 찾지 않는 검색어가 대다수이므로 블로그가 꾸준히 성장하기에는 어려운 주제다.

육아 블로그는 어떨까? 육아 블로그는 아이가 성장하고 나면 블로그의 주제가 끝난다. 그렇다고 블로그 운영을 지속하기 위해 또 아기를 낳을 수도 없는 노릇이다. 지속성을 유지하기 위해서는 이런 경우를 대비해 소주제를 1개 정도 더 준비해두면 좋다. 육아와 궁합이 좋은 주제로는 여행(아이와 함께하는 여행), 요리(이유식, 유아식, 아이 반찬), 교육(유아교육, 초·중·고 교육) 등이 있다.

충분한 글감

내가 편히게 쓸 수 있고 지속성이 있는 주제로 설정했다 해도 막상 쓸 글감이 없다면 블로그 운영을 지속하기 힘들다. 주제를 충족하는 조건 중에서도 가장 중요한 것이 세 번째 항목이다. 아무리 주제가 좋아도 글감이 없어서 글을 쓸 수 없다면 소용이 없다. 1년 동안 일주일에 5편 정도 글을 쓴다고 가정해보자. 1년이 지나면 260편, 2년만 지나도 약 500편이 넘는다. 즉 내가 정한 주제로 500편 이상의 글을 충분히 쓸 수 있어야 한다. 또한 그 글의 내용이 나만 아는 이야기가 아니라 사람들이 찾아올 만한 내용이어야 한다.

검색이 이뤄지는 키워드

마지막으로, 본인이 쓰는 키워드가 검색이 잘 이뤄지는 키워드인지를 고려해야 한다. 만약 내가 여행 블로그를 운영한다고 가정해보자. 그런데 남들이 가기 힘든 아프리카나 남아메리카 여행 전문 블로그를 운영한다면 어떨까? 본인이 아무리 글을 잘 쓰고 블로그가 검색 시 상위에 노출되어도 블로그 방문자가 많지 않을 것이다. 이처럼 블로그 글쓰기는 검색하는 사람을 항상 고려해야 한다.

！ MISSION

앞서 다룬 네 가지 조건에 부합하는 블로그 주제를 2개 이상 생각해보자.

- 내가 잘 아는 주제
:
- 지속성 있는 주제
:
- 글감이 충분한 주제
:
- 검색량이 많은 주제
:

다음 표는 네이버에서 제공하는 주제 분류다. 크게 네 가지, 작게는 31가지로 분류되어 있다. 주제는 이 31가지 분류 중에서 선택하면 된다. 네이버에서 해당 주제로 양질의 글을 꾸준하게 포스팅할 때 씨랭크c-rank, creator rank 점수가 높아져 검색 시 상위에 노출될 확률이 커진다. 씨랭크는 뒷부분에서 좀 더 자세하게 다룰 예정이다.

<네이버에서 공개한 씨랭크 주제 분류>

엔터테인먼트·예술	생활·노하우·쇼핑	취미·여가·여행	지식·동향
시간문학·책	일상·생각	게임	IT·컴퓨터
영화	육아·결혼	스포츠	사회·정치
미술·디자인	애완·반려동물	사진	건강·의학
공연·전시	좋은글·이미지	자동차	비즈니스·경제
음악	패션·미용	취미	어학·외국어
드라마	인테리어·DIY	국내여행	교육·학문
스타·연예인	요리·레시피	세계여행	
만화·애니	상품리뷰	맛집	
방송			

출처: 네이버 서치 앤 테크

초보자도 쉽게 쓰는
글쓰기 방법

글을 쓰기 전에
알아둬야 할 것들

블로그에 첫 글을 써보려고 마음을 먹었다. 그런데 무슨 말을 어디서부터 해야 할지 전혀 감이 잡히지 않는다. 겨우 이야기 하나를 떠올려 글을 써보려고 키보드 위에 손가락을 올렸지만, 쉽사리 마음대로 움직이지 않는다. '처음에는 무슨 말로 시작하고 제목은 어떻게 지어야 하지?' 내가 처음 블로그를 시작했을 때 겪었던 일이다.

대부분의 사람은 글을 쓰기 전에 제목부터 먼저 지으려고 한다. 정말 좋은 아이디어가 떠올라 괜찮은 제목을 지은 것이 아니라면 제목은 맨 마지막에 지어도 괜찮다. 글을 다 쓰고 나면 내 글과 알맞은 제목을 찾기가 더 쉽기 때문이다. 제목은 글의 주제와 일맥상통해야 한다. 즉 글을 쓸 때는 어떤 글을 쓸지 주제를 정하고 그 주제에 맞는 적절한 키워드를 찾아서 제목을 지어야 한다.

주제는 결국 키워드로 압축할 수 있는데, 이 키워드라는 것이 상당히 어렵다. 수많은 블로거가 글을 쓰기 전에 항상 애먹는 부분도 소위 '황금 키워드'를 찾는 것이다.

나 역시 글을 쓰기 전에 키워드 검색을 먼저 한다. 키워드는 뒤에서 더 자세히 다루겠지만, 검색어와 일맥상통한다. 간단하게 말하면 누군가가 검색할 만한 내용을 쓰라는 것이다. 제목을 아무렇게나 지어버리면 사람들이 아무리 검색해도 내 글을 볼 수 없다. 이렇게 작성한 나만의 일기장은 수익형 블로그와는 거리가 멀기 때문에 블로그로 돈을 벌거나 사람들과 소통할 목적이라면 지양해야 한다. 사람들이 주로 찾을 법한 유익한 내용을 쓰고 검색할 만한 단어를 제목에 넣어보자.

서두만 잘 써도 쉽게 쓸 수 있다

글을 쓸 때 첫 문단에 무슨 말을 써야 할지 몰라서 무심코 "안녕하세요. ○○○입니다"라고 쓰는 사람이 있다. 그 외에도 본인을 어필하거나 본인만의 시그니처라는 이유로 매번 같은 문장을 쓰는 사람이 있는데, 나는 별로 추천하지 않는다. 첫 줄에 매번 쓰는 인사가 블로그에 큰 영향을 미치는 것은 아니지만, 가장 중요하고 첫인상을 심어줄 수 있는 첫 문단에 굳이 자기소개를 반복할 필요는 없다.

블로그를 어떻게 디자인할까

앞서 다룬 것처럼 블로그에서 디자인은 크게 중요한 요소가 아니다. 그러므로 블로그를 처음 개설했다면 디자인은 천천히 시간이 날 때마다 조금씩 수정하고 당장은 적용이 쉬운 샘플 디자인을 사용할 것을 권장한다.

블로그를 예쁘게 꾸미는 것은 방문자 수나 수익에 큰 영향을 미치지는 않지만, 무언가를 예쁘게 만들거나 가꾸는 것을 좋아하는 사람이라면 블로그도 홈페이지처럼 디자인적인 요소를 넣어서 꾸며보는 것도 괜찮다. 그렇게 꾸민 모습을 모바일에서 확인하기는 어렵지만, 글을 쓸 때는 대부분 컴퓨터로 쓰기 때문에 자기만족을 위해서라면 시간을 들여서 디자인에 신경 쓰는 것도 괜찮다. 그래야 글 쓰는 맛도 나고 즐거움도 더 느낄 수 있다.

<다양한 홈페이지형 블로그 디자인 예시>

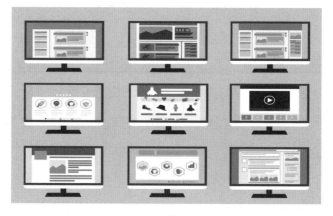

출처: 픽사베이

물론 '나'라는 존재를 퍼스널 브랜딩하거나 유명 인플루언서가 되는 것이 목표라면 꾸준하게 자신을 어필하는 것도 좋다. 하지만 사람들은 대부분 블로그에 접속했을 때 빠르게 스크롤을 내려서 원하는 정보가 나오지 않으면 바로 뒤로가기를 눌러서 나가버린다. 그러므로 나는 첫 문단에 결론을 넣어주는 것이 좋다고 생각한다. 왜 그런 결론이 나왔는지, 그 밖에 어떤 다른 내용이 있을지 글을 읽는 사람에게 궁금증을 유발시켜서 계속 글을 읽게 만드는 것이 첫 문단의 역할이기 때문이다.

　그렇다면 서두에는 어떤 식으로 글을 쓰는 것이 좋을까? 두 가지 예를 들어보겠다. '블로거 종합소득세 신고하는 법'을 주제로 글을 쓴다고 가정해보자. 이 경우 첫 번째 방법은 "블로그를 운영하면서 발생한 수익 때문에 종합소득세를 신고했다" "환급 금액은 총 얼마였다" "셀프로 했는데, 막상 해보니 그리 어렵지 않았다"라는 정도의 결론을 서두에 쓰는 것이다. 그러면 사람들은 이 글을 보고 나도 셀프로 할 수 있다고 생각하면서 '어떻게 해야 셀프로 신고할 수 있지?' '이 사람은 블로그로 수익을 얼마나 냈기에 환급 금액이 이만큼이나 나오지?' 등 구체적으로 내용에 대한 궁금증을 가지게 된다. 따라서 다음에 이어지는 본문에서는 셀프로 신고하는 방법을 하나씩 차근차근 설명하고 내 블로그 수익 경험을 풀어놓는 식으로 이야기를 전개하면 된다. 그리고 마지막 결론 부분에서는 종합소득세 신고 시 유의해야 할 사항, 내년 종합소득세 신고에 대한 계획 등을 쓰고 글을 마치면 된다.

두 번째 방법은 결론을 서두에 쓰지 않더라도 공감을 유도하는 내용을 앞쪽에 써서 글을 계속 읽게 만드는 것이다. 보통 특정 제품을 리뷰할 때 체험단이나 업체에서 가이드라인으로 주는 글쓰기 형식이다. '아기 전용 세탁 세제'에 관한 리뷰를 예로 들어보겠다. 서두에는 아기 전용 세탁 세제를 사용해야 하는 이유나 쓰지 않았을 때 겪었던 문제 등을 이야기해서 글을 읽는 사람에게서 공감을 이끌어낸다. 그리고 이어지는 본문에서 내가 쓰는 제품을 자세하게 설명한다. 결론 부분에서는 이 제품을 쓰고 나서 어떤 변화가 일어났는지, 앞으로도 사용할 것인지 등에 대한 내용을 쓴다.

　　블로그 포스팅용 글을 처음 쓰는 사람이라면 이 두 가지 방식으로 글쓰기를 연습해보자. 중요한 것은 어떤 정보나 경험을 담고 있는지와 상관없이 내가 글을 통해 말하고자 하는 바를 명확하게 전달하는 것이다. 체험단이나 리뷰 글을 쓰는 방법은 3장에서 좀 더 자세히 다루고자 한다.

핵심 본문에는
어떤 내용을 쓸까

포스팅에서 가장 중요한 부분인 본문에는 어떤 내용을 써야 방문자들에게 풍성한 정보를 제공할 수 있을까? 얼마 전에 내 친구가 블로그를 시작했다. 맛집을 찾아다니며 그곳에서 먹은 음식들을 리뷰해보고 싶다고 했다. 그런데 막상 쓰려니 도대체 무슨 말을 써야 할지 고민된다고 했다. 쓸 말이 없다는 것이다. 실제로 친구가 작성한 포스팅을 보니 가관이었다. 사진만 즐비하고 내용은 거의 없다시피 했다. 과연 나는 친구에게 뭐라고 조언했을까?

본문에 어떤 내용을 담아야 하는지는 '내가 맛집을 찾아가려고 할 때, 검색을 통해서 얻고자 하는 정보가 무엇인가?'를 생각하면 간단하게 해결할 수 있다. 대부분의 사람이 얻고자 하는 정보는 음식의 맛, 가격, 위치, 주차 정보, 예약 가능 여부, 영업시간 등의 정보다. 즉 검색자들이 원할 만한 내용을 본문에 적으면 된다. 이에 더해서 사진을 찍어놓았다면 사진에 관해 설명할 수도 있다. 정갈하게 놓인 밑반찬 사진을 올리고 몇 종류의 반찬이 나오는지, 개인적으로 그중에서 어떤 반찬이 제일 맛있었는지에 관한 내용을 작성해서 검색자들에게 정보를 줄 수 있다. 포스팅을 위해 글을 쓸 때는 '무엇을 써야 할까?'라는 고민보다는 '검색자들이 원하는 정보가 무엇이기에 그 검색어를 사용했을까?'에 대해 고민하면 생각보다 쉽게 해답을 얻을 수 있다.

그 밖에도 내가 쓰는 화장품, 내가 먹는 간식, 내가 실제로 사용하는 제품들, 오늘 내가 검색했던 것에서도 글감을 찾을 수 있다. 나아가 내 삶의 범위를 벗어나서 살펴보면 생각보다 더 많은 주제와 글감이 존재한다. 당장 달력을 펼쳐서 표시해놓은 일정만 봐도 글감이 넘쳐날 것이다. 추가로, 다음의 팁 박스를 참고해 여러 가지 글감을 더 찾아보자.

TIP **글감 찾는 팁**

아직도 어떤 글을 써야 할지 모르겠다면 다음의 방법으로 글감을 찾아
보자.

- 달력 참조: 기념일이나 행사 관련 글감이 많다. 달력의 내용을 글감으
  로 삼아서 글을 쓸 때는 해당 시기가 오기 전에 미리 쓰는 것이 좋
  다. 시기마다 어떤 검색어가 유행했는지를 보려면 네이버 데이터
  랩www.datalab.naver.com을 참고하면 좋다.

<네이버 데이터랩>

출처: 네이버 데이터랩

- 질문 검색: 내 주제와 관련해 네이버 카페나 커뮤니티에 많이 올라오
  는 질문을 찾아보자.
- 제품 리뷰: 주변에 있는 제품을 하나씩 리뷰해보자.
- 궁금증 메모: 평소에 내가 궁금했던 것을 메모했다가 글로 풀어보자.

- 크리에이터 어드바이저 기능 활용: 네이버 블로그 앱에서는 창작자
   들을 위해 크리에이터 어드바이저creator advisor라는 기능을 제공한
   다. 크리에이터 어드바이저의 트렌드 항목을 보면 주제별 인기
   유입 검색어를 확인할 수 있다. 만약 너무 민감하거나 강한 주제
   를 다루는 키워드라면 해당 키워드보다는 세부 키워드를 참고해
   보자.

<네이버 크리에이터 어드바이저>

출처: 네이버 크리에이터 어드바이저

- 임시 저장 기능 활용: 갑자기 머릿속에 떠오르는 글감이 있다면 네이
   버 블로그에 간단하게 적고 임시로 저장해두자. 또는 사진만 넣
   고 임시 저장한 후 나중에 글을 써넣을 수도 있다. 임시 저장은
   최대 300개까지 가능하다.

글쓰기 실력은
쓸수록 는다

누구나 처음은 있다. 나도 초기에는 블로그를 단순히 육아 일기처럼 이용할 의도였기에 글도 대충 포스팅하고 사진도 미흡했다. 지금 다시 보면 부끄러워서 읽기 어려운 글도 많다. 그렇게 삭제하고 싶을 정도로 민망한 글도 있지만, 그중에서 의외로 많은 사람의 공감을 얻고 댓글이 100개가 넘게 달린 포스팅도 있다. 지금은 글을 쓰는 것이 처음처럼 어렵지 않아 문장의 길이나 맞춤법에 조금 더 시간을 들이지만, 이때는 그럴 여유도 없었고 방법도 몰랐다. 하지만 분명한 것은 글은 쓰면 쓸수록 실력이 는다는 점이다. 사진 또한 여러 번 찍을수록 노하우를 터득하게 된다. 그러니 적어도 운영 초반에는 의식적으로 글쓰기 연습을 반복해서 하면 큰 도움이 된다.

한편으로, 글을 쓰다 보면 나만의 글쓰기 스타일이 생긴다. 글쓴이마다 어투와 글의 흐름, 이야기를 풀어가는 스타일이 모두 다르다. 이것을 톤앤매너tone&manner라고 하는데 직역하면 어조와 태도를 말한다. 이 용어는 광고 업계에서 많이 쓰는 용어로 콘셉트를 일컫는 말이다.

대부분의 마케팅 업체는 블로거에게 물건 협찬을 제안하고 가이드라인을 줄 때 "블로거님의 톤앤매너에 맞게 작성해주시면 됩니다"라고 한다. 내 경험에 의하면 이렇게 본인만의 톤앤매너가 생길 정도의 글쓰기 실력에 도달하려면 적어도 30편 이상은 써봐야 한다.

네이버 클로버 상어 가족이 안 나온다 ㅠㅡㅠ

올라 2019. 12. 14. 11:23   URL 복사   통계 ⋮

네이버 클로버를 많이 활용하는 것은 아니지만
1. 에어컨 꺼줘 (위치 말 안 하면 거실, 안방 동시에 꺼줌)
2. 로봇청소기 켜줘
3. 상어 가족 들어줘
4. 오늘 날씨
5. 미세먼지
6. 뉴스 (애기 없을 때 출근 준비 중에 들음)
요 정도 사용한다.

아주 가끔 알림이나 메모를 하기도 한다.

요새는 주로 아기를 키우면서 적적한 실내 분위기를 바꾸기 위해 TV를 트는 대신 네이버 클로버를 이용해서 동요를 틀어준다.

우리 집 클로버 이름은 샐리이다.

보통 상어 가족을 제일 좋아해서

> "
> **샐리야, 상어 가족 들어줘**"
> "

이 말로 하루를 시작한다. 그러면 상어 가족 후에는 악어떼라든지 곰 세 마리라든지 아기가 듣기 좋은 동요가 나온다.

근데 며칠 전부터 상어 가족을 틀어달라고 하면 "동요를 들려드릴게요~!" 하면서 다른 동요를 랜덤으로 틀어준다.

상, 어, 가, 족, 이라고 똑똑히 발음해도 마찬가지다.

당황해서 클로버 쪽에 문의를 넣었다. 링크 흐의 상어 가족을 들을 수 없다니~~

생각보다 빠르게 답변이 왔다.

먼저, 클로바 서비스 이용에 불편 드려 죄송합니다.

고객님께서 문의하신 오류 현상을 확인하였으며, 수정을 진행하도록 하겠습니다.

**다만, 수정 후 서비스에 반영되기 까지는 일정한 시일이 소요될 수 있는 점, 부디
너그러운 양해를 부탁드리겠습니다.**

**제보해주신 고객님께 감사의 말씀드리며, 편의를 위해 더욱 노력하는 서비스가
되도록 하겠습니다.**

네이버 담당자 드림

어서 다시 상어 가족 들을 수 있었으면 좋겠다.

현재 수정이 됐는데, 상어 가족 틀어줘 하면 주니바에서 동요를 틀어주는 것이 아니라 네이버 뮤직에서 틀어주고 스
트리밍 가입을 안 하면 1분 안에 끊어버린다. ㅡ.ㅡ

이것저것 해보니 주니바에서 상어 가족 틀어줘! 하면 나온다.

출처: 저자 블로그

네이버 이용자를
내 블로그로 유도하는 방법

검색자를 유도하는
키워드와 제목 짓기

주제를 정했으면 키워드를 정해서 글을 써보자. 내 글이 세상 밖으로 나와서 누군가에게 읽히고, 도움을 주고, 서로 소통하는 순간이 오면 글을 쓰는 즐거움이 배가 된다. 이를 위해서는 키워드를 공략해야 한다. 키워드는 내가 말하고자 하는 것을 함축한 단어라고 생각하면 된다. 우리는 네이버의 플랫폼인 블로그를 운영하고 있다. 따라서 키워드를 잘 이용하면 네이버라는 대형 포털 사이트를 통해 손쉽게 내 블로그를 검색자에게 드러낼 수 있다. 즉 내가 'A'에 대해 글을 쓰고 있다는 것을 키워드로 네이버에 전달하면 검색 로직은 'A'를 검색하는 사람들에게 내 글을 보여준다.

그렇다면 구체적으로 키워드를 어떻게 전달해야 할까? 가장 좋은 방법은 제목을 활용하는 것이다. 내가 말하고자 하는 주제가 정확하게 제목에 들어가있으면 검색엔진이 쉽게 파악할 수 있다. 따라서 제목에 '2021.07.02. 오늘 일기' '내가 사랑하는 것' '뉘엿뉘엿 지는 해를 보며' '7월 25일 일상'과 같은 키워드를 쓴다면 아무도 내 글을 볼 수 없을 것이다.

물론 예외는 있다. 브랜딩을 완성한 유명 인플루언서의 SNS 플랫폼이라면 제목과 관계없이 사람들이 방문할 것이다. 하지만 우리는 검색 유입을 목적으로 하는 초보 블로거이므로 사람들이 검색할 만한 키워드를 사용해서 제목을 짓는 것이 무엇보다도 중요하다.

피해야 할 제목 스타일도 있다. 'D-001, 다이어트 1일 차'처럼 반복되는 형태의 제목이나 물음표, 느낌표, 쉼표, 마침표를 제외한 다양한 특수문자를 넣은 형태의 제목은 추천하지 않는다. 그리고 검색 로직이 업데이트되기 전에 한때 유행했던 키워드 나열식 제목도 피하는 것이 좋다. '3월 부수입/어플테크/공모주/설문조사' '6월 아기 발달/이유식/스스로앉기/뒤집기/치발기' 등이 키워드 나열식 제목의 예시다.

예시를 한번 들어보겠다. 다음 예시 중에서 키워드를 잘 활용해 만든 제목은 어떤 것일까?

키워드 활용 제목 예시

1. 2021.07.25. 오늘 날씨
2. 어둠이 드리우는 삼성전자
3. 밤수유 끊기 도전
4. 사랑하는 우리 엄마

1번 '2021.07.25. 오늘 날씨'와 4번 '사랑하는 우리 엄마'는 잘못 작성한 제목의 예다. 대부분의 사람은 오늘 날씨를 확인할 때 네이버에서 제공하는 날씨 콘텐츠를 보므로 굳이 블로그까지 들어가서 확인하지 않는다. 물론 지난 날씨를 알고 싶은 사람들이 가끔 검색할 수는 있겠지만, 당연히 현저하게 적은 인원일 것이다. 또한 '사랑하는 우리 엄마'라는 키워드 역시 네이버에서 검색해서 찾아볼 법한 키워드는 아니다.

그렇다면 2번 '어둠이 드리우는 삼성전자'는 어떨까? '삼성전자'라는 키워드를 검색 대상으로 노릴 수는 있겠지만, 이 키워드는 너무 광범위하고 관련 글도 많다. 네이버에 직접 검색해보면 쉽게 이해할 수 있을 것이다. 이 경우 만약 상위 노출이 된다고 하더라도 순식간에 순위가 뒤로 밀릴 것이고 애초에 노출 자체도 어려워 적당한 키워드라고 하기 어렵다. 게다가 '어둠이 드리우는'이라는 수식어 역시 보기에는 그럴싸해 보이지만, 검색어로는 적당하지 않다.

마지막으로 3번 '밤수유 끊기 도전'을 살펴보자. 이 제목의 '밤수유' 또는 '밤수유 끊기'는 하나의 키워드라고 볼 수 있다. 밤수유는 엄마들이 아기 생후 6~12개월 사이에 많이 검색하는 키워드 중 하나다. 즉 3번은 정보를 제공하는 키워드면서 네이버에서 좋은 문서로 판단하는 기준인 '내 경험'에 대해 쓸 수 있는 글이므로 적절한 키워드라고 할 수 있다. 하지만 3번도 초보자에게는 그다지 추천하지 않는다. '밤수유'와 '밤수유 끊기'라는 두 가지 키워드만 들어있어서 노출 경쟁에서 밀릴 수 있기 때문이다. 이럴 때는 다른 키워드를 조합해서 제목을 늘려주자.

이처럼 글을 쓰기 전에 어떤 내용을 쓸 것인지 주제를 명확하게 정해야 제대로 된 키워드를 고를 수 있다. 그리고 누군가가 검색할 만한 내용을 작성해야 내 블로그가 성장하는 데 도움이 된다. 하고 싶은 말이 너무 많다면 포스팅을 나누자. 예를 들어서 세 종류의 이유식을 만들었다면 이유식별로 나눠서 작성하자. 그래야 키워드를 잡아서 제목을 정하기도 편하고 주제도 한층 더 분명해진다. 세 종류의 이유식 관련 글을 한번에 포스팅하고 싶다면 '7개월 아기의 이유식 식단'과 같은 형식으로 더 많이 모아서 하나의 포스팅에 몰아넣어도 좋다. 그리고 그간 만들었던 이유식 레시피를 링크해두면 된다. 예시에서 좋은 키워드가 아니라고 말했던 1, 2, 4번의 경우도 글의 내용을 잘 다듬는다면 사람들이 찾을 만한 다른 키워드로 변경해 충분히 검색될 만한 좋은 글이 될 수 있다.

! **MISSION**

앞서 예로 든 네 가지 제목을 다양한 키워드를 이용해 검색될 만한 제목으로 자유롭게 다듬어보자.

1. 2021.07.25. 오늘 날씨 → 과거 날씨를 확인할 수 있는 앱 추천
   - 키워드: 과거 날씨 / 과거 날씨 확인 / 날씨 앱 추천 등
   :
2. 어둠이 드리우는 삼성전자 → 어둠이 드리우는 삼성전자의 주가 하락 원인
   - 키워드: 삼성전자 / 삼성전자 주가 / 삼성전자 주가 하락 / 삼성전자 주가 하락 원인
   :

3. 밤수유 끊기 도전 → 6개월 아기 발달, 밤수유 끊기 도전!
- 키워드: 6개월 아기 / 6개월 아기 발달 / 6개월 아기 밤수유 / 아기 밤수유 끊기 등
:
4. 사랑하는 우리 엄마 → 사랑하는 엄마 선물로 지갑을 구입하다
- 키워드: 엄마 선물 / 엄마 선물 지갑 등
:

유입량을 늘리는
세 가지 방법

우리가 네이버 블로그를 사용한다는 것은 네이버와 공생하는 관계가 되었다는 뜻이다. 네이버는 블로거의 포스팅을 통해 트래픽을 일으키고 광고 수익을 얻어간다. 이런 관계에 따라 우리는 네이버의 기준에 맞춰 글을 포스팅해야 한다. 그 이유는 네이버가 상위 노출과 저품질을 결정하기 때문이다. 내가 운영하는 블로그가 아무도 보지 않는 나만의 일기장이라면 상관없지만, 블로그 운영으로 수익을 내기 위해서는 트래픽, 즉 방문자가 유입되어야 한다. 트래픽이란 전송되는 데이터의 양으로, 쉽게 말하면 많은 사람이 드나들며 이용하는 것을 뜻한다. 블로그의 경우에는 방문, 댓글, 공감, 공유의 형태로 트래픽이 일어난다. 트래픽은 우리가 알고 있는 거대 사이트인 디시인사이드, 오늘의 유머, 보배드림과 같은 커뮤니티와 네이버 카페에서 운영자의 수익을 좌우하는 굉장히 중요한 요소다.

결국 블로그를 운영하면서 가장 중요한 것은 남이 내 글을 볼 수 있도록 하는 것이다. 하지만 갓 개설된 웹사이트나 블로그에 알아서 방문하는 사람은 없다. 그래서 우리는 트래픽을 일으키기 위해 노력할 수밖에 없다.

지금부터 그 트래픽을 유입 또는 방문자 수라고 표현하겠다. 블로그의 방문자 수를 늘리는 방법에는 크게 검색을 통한 유입, 링크를 통한 유입, 브랜딩을 통한 유입이라는 세 가지 방법이 있다.

첫 번째로 검색을 통한 유입은 말 그대로 사람들이 네이버에 원하는 내용을 검색했을 때 내 블로그가 검색자에게 노출되어 그들이 스스로 클릭해서 들어오는 것이다. 가령 처음으로 에어프라이어에 치킨을 구워 먹는 사람은 몇 분이나 구워야 할지 궁금할 것이다. 그렇다면 자연스럽게 네이버 검색창에 '에어프라이어에 치킨 굽는 법'이나 간단하게 '에어프라이어 치킨'이라고 검색하게 된다. 즉 과정상 '문제 해결이나 정보 습득을 위해 내용 검색 → 검색 결과(블로그 등) 발견 → 해당 블로그 접속'이라는 과정을 거치는데, 검색 결과 상단에 나오는 것이 내 블로그라면 당연히 조회 수가 올라갈 수밖에 없다. 검색을 통한 유입은 가장 이상적이고 꾸준한 유입을 만드는 방법이다.

두 번째로 링크를 통한 유입은 내 글을 다른 사람들이 볼 수 있도록 각종 사이트, 카페, 카카오톡 등의 타 플랫폼에 내 블로그 링크를 공유해 유입을 유도하는 것이다. 이를테면 아기 이유식에 대한 글을 블로그에 쓰고 각종 맘카페나 지식인[IN]에 올라온 이유식 질문 글에 내 블로그 링크를 넣어 답변을 작성하는 것이다. 네이버 카페나 지식인에 글을 쓸 경우, 그 글을 작성한 사람뿐만 아니라 관련 내용을 찾기 위해 검색하거나 지나가다 우연히 본 사람들도 링크를 타고 내 블로그로 들어올 수 있다. 하지만 이 방법은 상대적으로 많은 곳에 손품을 팔아야 하고, 일시적으로 방문자 수가 대폭 증가할 수는 있지만 지속성이 짧다는 단점이 있다. 그래서 시간에 여유가 있거나 초기에 방문자가 너무 없을 때 외에는 크게 추천하지 않는다.

다만 잘 포스팅한 글이 있다면 여러 곳에 홍보해 이웃(구독자)을 늘리는 것도 괜찮다. 예를 들어서 '출산 준비물 리스트'처럼 여러 사람이 보면 좋은 글을 정성껏 작성했다면 관련 카페나 지식인 등에 올려보면 좋다. 사람들은 그 글을 다시 보기 위해 나를 이웃으로 추가하거나 즐겨찾기를 할 것이다. 또는 친구들에게 내 블로그를 공유하면서 자연스럽게 사람들 사이에 퍼져나갈 것이다. 이것을 백링크backlink라고 한다. 백링크는 네이버뿐만 아니라 구글에도 좋은 영향을 주므로 잘 설정한다면 구글을 통한 유입도 노려볼 수 있다. 백링크가 많이 달린 글은 신뢰도가 높다고 판단하기 때문이다. 하지만 일부 네이버 카페의 경우 규정에 따라 홍보성 글을 수용하지 않기도 하므로 글을 홍보할 때는 항상 조심해야 한다.

링크와 관련해서 네이버 카페에 직접 글을 작성하는 방법도 있다. 상위 노출이 잘되는 대형 카페에 글을 잘 작성하고 반응이 좋다면 생각보다 많은 유입을 노려볼 수 있다. 현재 네이버에서 키워드를 검색하면 뷰 탭VIEW tab(뷰 영역)에 카페와 블로그가 검색 결과로 함께 나온다. 게다가 키워드 검색 결과는 블로그가 아니라 카페가 1위를 차지하는 경우가 많은 편이다.

다음 사진은 한때 '육아휴직 연말정산'이라는 키워드를 검색했을 때 나왔던 검색 결과로, 1위로 나온 네이버 카페 글과 2위의 블로그 포스팅 모두 내가 작성한 것이다. 이렇게 카페를 잘 활용하면 검색 결과에서 최상위권을 차지할 수 있고 이는 많은 유입량으로 이어진다. 유입은 곧 수익과 직결된다. 혹시 내 글이 상위권을 차지하지 못했다면 상위에 올라가 있는 카페 글의 댓글에 링크를 달 수도 있다. 물론 이때는 앞서 말했던 카페 규정을 항상 유의해야 한다. 이렇게 카페와 블로그를 둘 다 활용해 방문자 수를 늘리는 방법도 있으니 참고하면 좋다.

<'육아휴직 연말정산' 키워드를 잘 활용해 상위에 노출된 포스팅>

출처: 네이버

마지막으로 브랜딩을 통한 유입은 말 그대로 나를 브랜딩해 사람들이 나를 직접 찾아오게 만드는 것이다. 브랜딩과는 거리가 있는 내 블로그도 종종 '하율이네'라는 키워드로 직접 나를 검색해서 찾아오는 사람이 있다. 유명 유튜버나 인스타그램 스타들은 굳이 홍보하지 않아도 사람들이 알아서 방문하고 그들을 팔로우한다. 그들은 이미 브랜딩을 완성한 인플루언서이기 때문이다. 나를 추가한 이웃들이 내 블로그를 방문해서 글을 보는 형태도 여기에 해당한다. 간단한 예로, 우리가 무언가를 검색하기 위해 각종 포털 사이트 중에서 네이버에 방문하는 것도 이에 속한다. 3대 포털 사이트 중에서도 네이버의 브랜딩이 가장 잘되어 있기 때문이다.

키워드를 찾고
제대로 활용하는 방법

키워드 선정을 위한
순서 설정하기

앞에서 키워드를 찾아서 제목을 지으라고는 했지만, 사실 초보자에게는 상당히 어려운 일이다. 하지만 블로그를 성공적으로 운영하기 위해서는 키워드를 이용해 제목 짓는 방법은 필수로 알고 있어야 한다. 키워드를 찾고 제목에 넣는 방법을 좀 더 구체적으로 설명해보고자 한다. 순서는 다음과 같이 진행한다.

키워드를 바탕으로 제목을 짓는 순서
1. 내가 오늘 쓰려고 하는 한 가지 이야기를 정한다.
2. 그 이야기와 연관된 단어들을 키워드 툴을 이용해 검색한다.
3. 문서 수가 적은 키워드 위주로 정리한다.
4. 정리한 키워드 중에서 메인 키워드는 제목에 넣고 그 외의 키워드는 본문에 '자연스럽게' 삽입한다.

키워드를 바탕으로
글의 주제 선정하기

나는 오늘 아기 기저귀 갈이대를 치우고 키즈 책장을 사서 집 안에 배치했다. 이 소재로 어떤 글을 쓸 수 있을까? 잠깐만 생각해도 세 가지 정도를 뽑아볼 수 있다. 첫 번째는 새로 산 키즈 책장의 설치 및 사용 후기, 두 번째는 그동안 사용했던 기저귀 갈이대의 사용 후기나 장단점, 세 번째는 아기가 있는 집의 인테리어다. 하지만 이 세 가지 글감을 모두 한 편의 글로 모아서 작성하는 것은 좋지 않다. 즉 글을 쓸 때 주제는 한 가지로 통일하는 것이 좋다.

여러 주제가 한 편의 글에 모두 섞이면 이 글에서 말하고자 하는 게 무엇인지 네이버 검색엔진이나 검색자가 알 수 없기 때문이다. 게다가 주제가 한 가지에 집중된 게 아니므로 글의 내용도 중구난방일 확률이 높다. 또한 세 주제 중에서 한 주제에 관한 정보를 찾기 위해 내 블로그에 방문한 사람들이 도입부에 원하는 내용이 나오지 않아 나가버릴 수도 있다. 이는 체류 시간을 낮춰 블로그 성장에 악영향을 끼칠 수 있다.

이런 이유로 세 가지 이야기를 모두 한 편의 글에 넣는 것은 추천하지 않는다. 여기서는 기저귀 갈이대를 사용했던 후기를 주제로 정해보자. 이 주제로 글을 완성하고 다음 글에서는 그 장소에 키즈 책장을 설치한 글을 추가로 작성한 후에 기존 포스팅에 다음 글의 링크를 걸어주면 방문자의 이탈률을 낮출 수 있다.

키워드 툴을 이용해
키워드 검색하기

키워드 툴은 지금도 종류가 다양하고 계속 새로운 것이 나오고 있다. 그래서 네이버에서 제공하는 키워드 툴과 가장 간단하고 유명한 키워드 툴 몇 가지를 써보고 본인이 편한 것을 사용하면 된다.

가장 먼저 기본적으로 네이버 검색광고^{www.searchad.naver.com}에서 제공하는 키워드 도구가 있다. 웹사이트에 접속해 광고 시스템 메뉴에 들어가면 키워드 도구가 있는데, 이곳에서 원하는 키워드를 조회할 수 있다. 연관검색어도 보여주기 때문에 생각보다 유용한 키워드를 많이 얻을 수 있다.

그 외에도 키워드 툴 사이트 두 군데 정도를 더 추천한다면 심플한 구성이 장점인 키워드마스터^{www.whereispost.com/keyword/}와 다양한 정보를 제공해주는 블랙키위^{www.blackkiwi.net} 정도를 꼽을 수 있다. 키워드마스터는 간단하고 쉬운 인터페이스가 장점이고, 블랙키위는 상세 정보를 얻을 수 있다.

나는 주로 키워드마스터로 빠르게 키워드를 찾은 후에 상세 내역은 블랙키위에서 보는 편이다. 처음부터 블랙키위로 찾으려고 하면 제공해주는 내용이 방대해 너무 오랜 시간이 걸리기 때문이다. 또한 카카오톡으로도 키워드 도구를 사용할 수 있는데, 친구 검색에서 '카똑똑'을 검색해 추가하면 어디서나 카카오톡을 이용해 키워드를 확인할 수 있다. 방금 말한 키워드 툴을 좀 더 자세히 다뤄보겠다.

네이버 검색광고 기능
활용하기

네이버 검색광고는 현재 사용 중인 네이버 아이디로 바로 이용할 수 있다. 도구 부분의 하위 메뉴인 키워드 도구라는 메뉴를 활용하면 도움이 된다.

기본적으로 검색광고는 하나의 키워드 검색으로 연관검색어 100개에서 1,000개 정도를 보여주며, 이 외에도 월간 검색 수, 월평균 클릭 수, 경쟁 정도 등의 정보도 보여준다. 또한 필터를 통해 내가 원하는 키워드를 좀 더 효과적으로 찾아낼 수 있다.

앞서 말했던 기저귀 갈이대를 예로 들면, 결괏값을 모바일로 놓고 가장 검색 수가 많은 기준으로 정렬해보면 '베이비페어'라는 키워드가 나온다. 베이비페어는 기저귀 갈이대와 어느 정도 연관은 있지만, 너무 포괄적인 키워드다. 게다가 상대적으로 연관성이 다소 떨어지는 키워드들도 함께 나온다. 이럴 때 필터 만들기를 이용해 연관키워드에 '기저귀'라는 단어가 들어가는 결괏값만 도출한다면 연관성이 좀 더 높은 연관키워드를 추려낼 수 있다.

다만 이곳에서 보여주는 정보는 네이버 광고에 관한 것이므로 클릭 수는 블로그가 아니라 광고 클릭이 기준이 된다는 점을 유의해야 할 것이다. 경쟁 정도 역시 광고에 해당하는 비율을 보여주므로 블로그에 100% 적용하기에는 어렵다. 그러나 가장 많은 키워드를 발굴해낼 수 있다는 장점도 있다.

<네이버 검색광고 '기저귀 갈이대' 키워드 검색 결과 - 연관키워드 설정 전>

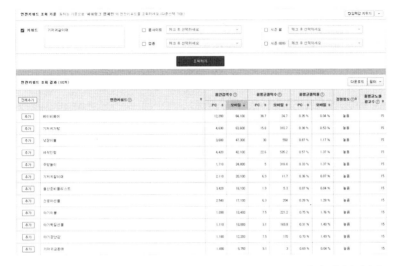

출처: 네이버 검색광고

<네이버 검색광고 '기저귀 갈이대' 키워드 검색 결과 - 연관키워드 설정 후>

출처: 네이버 검색광고

키워드마스터

다음 사진은 키워드마스터에서 '기저귀 갈이대'와 '이케아 기저귀 갈이대'를 검색한 사진이다. '기저귀 갈이대'의 조회 수는 컴퓨터와 모바일을 합산하면 한 달에 약 1만 5,780건이나 되고 문서 수 역시 많다. 이런 경우 내가 쓴 글이 상위에 노출되리라는 보장이 없다. 하지만 같은 기저귀 갈이대를 주제로 다룬다고 해도 '이케아 기저귀 갈이대'처럼 '기저귀 갈이대'의 세부 키워드를 공략하면 훨씬 좋은 결과를 얻을 수 있다.

'이케아 기저귀 갈이대'의 조회 수는 약 2,690건으로 기저귀 갈이대보다 훨씬 적은 편이지만, 문서 수도 1,724건으로 적기 때문에 상위에 노출될 확률이 크게 증가한다. 비율로 놓고 보아도 이케아 기저귀 갈이대가 조회 수에 비해서 문서 수가 낮은 것을 확인할 수 있다.

<키워드마스터 '기저귀 갈이대' '이케아 기저귀 갈이대' 키워드 검색 결과>

출처: 키워드마스터

이처럼 키워드를 조사했을 때 검색량이 너무 많아 경쟁이 치열하리라고 예상되면 브랜드명이나 제품명을 넣어서 세부 키워드를 공략하는 방법을 노려볼 수 있다. 세부 키워드는 롱테일 키워드^{long-tail keyword}라고도 이야기하는데 구체적인 키워드를 말한다. '이케아 기저귀 갈이대' 혹은 '기저귀 갈이대 대여'와 같은 세부 키워드를 잘 활용하면 유입 경쟁에서 더 유리한 고지를 선점할 수 있다.

<키워드마스터 '기저귀 갈이대' 관련 세부 키워드 검색 결과>

키워드	총조회수	문서수	비율	블로그순위 ▼
기저귀갈이대 추천	20	3,448	172.400	N N N N N N N N N
기저귀갈이대 직구	20	315	15.750	N N N N N N N N T
기저귀갈이대 높이	20	1,868	93.400	N N N N N N N N N
기저귀갈이대 구매	20	5,280	264.000	N N N N N N N N N
기저귀갈이대 수납	50	1,619	32.380	N N N N N N N N N
기저귀갈이대 방수패드	130	1,043	8.023	N N N N N N N N N
기저귀갈이대 매트	250	3,034	12.136	N N N N N N N N N
기저귀갈이대 언제까지	290	150	0.517	N N N N N N N N N
기저귀갈이대 대여	250	2,470	9.880	N N N N N N N N N
기저귀갈이대 사용기간	70	1,234	17.629	N N N N N N N N N
기저귀갈이대	17,610	23,037	1.308	N N N N N N N N N

엑셀 다운로드

출처: 키워드마스터

추가로, 키워드마스터에서 키워드를 한꺼번에 검색하다 보면 어떤 키워드가 좋은 키워드인지 한눈에 파악하기 어렵다. 그럴 때는 키워드마스터에서 제공하는 엑셀 다운로드 기능을 이용해서 키워드를 정렬하면 한결 편리하다. 결과를 엑셀 파일로 다운로드한 후 첫번째 행을 선택하고 엑셀 메뉴 중 데이터의 필터를 눌러주면 역삼각형 아이콘이 생기면서 정렬이나 검색을 할 수 있다. 여러 가지 항목중에서 비율을 오름차순으로 설정해주면 조회 수 대비 문서 수가 가장 낮은 것부터 자동으로 정렬된다. 키워드가 정렬되면 그중에서 쓸 만한 키워드를 골라주면 된다. 예시 키워드 중에서 이 과정을 통해서 파악해보면 '기저귀 갈이대 언제까지'라는 세부 키워드가 가장 쓸 만한 것으로 나타난다.

<키워드마스터 검색 결과의 엑셀 기능 활용>

키워드	PC 검색량	모바일 검색량	총조회수	문서수	비율
기저귀갈이대 언제까지	10	300	310	147	0.474
기저귀갈이대 대여	20	250	270	2,451	9.078
기저귀갈이대 방수패드	10	90	100	1,038	10.38
기저귀갈이대 매트	20	250	270	3,011	11.152
기저귀갈이대 직구	10	10	20	312	15.6
기저귀갈이대 사용기간	10	40	50	1,219	24.38
기저귀갈이대 수납	10	40	50	1,605	32.1
기저귀갈이대 높이	10	10	20	1,852	92.6
기저귀갈이대 쿠션	10	20	30	3,419	113.967
기저귀갈이대 구매	10	10	20	5,219	260.95

출처: 키워드마스터

블랙키위

이번에는 블랙키위라는 키워드 툴을 활용해보자. 다음 화면은 블랙키위에서 '이케아 기저귀 갈이대'라는 키워드로 검색했을 때 나오는 화면이다. 블랙키위는 검색량뿐만 아니라 섹션 배치 순서, 연관검색어의 조회 수, 월별, 연령별 조회 수 그리고 뷰 탭의 톱 7위 콘텐츠까지 보여주므로 여러 번 검색하는 수고를 덜어준다. 즉 한 화면에서 모든 것을 확인할 수 있어서 키워드를 세부적으로 분석할 때 효과적이다. 또한 키워드마스터와 달리 결과를 엑셀로 다운로드할 필요 없이 화면 내에서 검색량과 문서 수를 정렬할 수 있어서 편리하다.

월간 검색량을 눌러서 높은 순으로 정렬해서 볼 수도 있고 블로그 총발행량을 눌러서 문서 수가 낮은 순서대로 정렬할 수도 있다.

<블랙키위 '기저귀 갈이대' 키워드 검색 결과>

출처: 블랙키위

블랙키위에서 '수박 모자이크병'과 같은 시즌 키워드를 검색한 후 검색 동향에서 월별 조회 수를 확인해보자. 이 책을 쓰는 시점을 기준으로 2021년 4월 약 1,000건, 5월 약 7,000건, 6월 약 1만 6,300건, 7월 약 1만 9,900건, 8월 약 1만 1,700건, 9월 약 1,600건으로 검색되었고 나머지 달은 거의 검색되지 않았다는 것을 알 수 있다. 이처럼 키워드가 활발하게 검색되는 시기를 파악하면 글을 미리 작성해놓을 수도 있다. 블랙키위의 정보를 토대로 파악해보면 예시로 든 '수박 모자이크병'의 정보 글을 작성하기 가장 좋은 시점은 6~7월일 것이다.

<블랙키위 '수박 모자이크병' 키워드 검색 결과>

출처: 블랙키위

그러나 블랙키위는 다양한 기능을 제공하지만, 비회원은 1분에 세 번까지만 키워드 조회가 가능하고 제공하는 정보가 너무 많아서 한눈에 확인하기가 어렵다. 따라서 다양한 키워드를 빠르게 조회할 때는 키워드마스터나 네이버 검색광고를 활용하고 한 가지 키워드에 관해 자세히 알고 싶을 때는 블랙키위를 활용하면 좋다.

카똑똑

카카오톡에서 카똑똑을 친구 추가하면 채팅창을 이용해 원하는 키워드의 문서 수와 조회 수를 간편하게 확인할 수 있다. 카똑똑은 스마트폰의 특성상 이동 중이거나 컴퓨터를 사용하지 못할 때 활용하면 좋다. 궁금한 키워드가 생기면 즉시 확인할 수 있고 조회했던 기록이 채팅창에 남으므로 키워드 메모장 역할까지 할 수 있다. 따라서 아이디어가 떠오르면 바로 카똑똑으로 검색해서 기록으로 남겨 놓자. 또한 카똑똑은 블로그 방문자 수 조회 기능도 제공해주기에 내 블로그뿐만 아니라 벤치마킹하는 블로그가 있다면 그 블로그까지 조회해볼 수 있다.

<카똑똑 활용 예시>

출처: 카똑똑

TIP 그 밖의 키워드 툴

이 외에도 다양한 키워드 툴이 계속해서 나오고 있다. 세부적인 부분에서는 차이가 있겠지만, 기본적인 기능은 같으므로 앞에서 추천한 툴이 아니더라도 본인의 입맛에 맞는 키워드 툴을 찾아서 사용하면 된다. 몇 가지 키워드 툴을 더 소개하면 다음과 같다.

- 황금 키워드 www.gold-keyword.info
- M-자비스 카카오톡 챗봇
- 리얼 키워드 www.realkeyword.co.kr
- 키자드 www.keyzard.org
- 블로그 도우미 www.bloghelper.co.kr

문서 수와 조회 수로
키워드 고르기

키워드 구분 예시
- 키워드마스터에서 '기저귀 갈이대' 검색 시 추출할 수 있는 키워드 예시
- 메인 키워드: 기저귀 갈이대
- 세부 키워드: 사용 기간, 대여, 언제까지, 매트, 방수 패드, 수납, 구매, 높이, 직구, 쿠션

앞에서 나열한 메인 키워드와 세부 키워드를 조회해 문서 수와 검색량을 확인했다면 이제 결괏값을 분석해서 상위 노출에 유리한 키워드가 무엇인지 찾아야 한다. 찾아야 할 키워드가 많다면 엑셀로 변환해 비율을 낮은 순으로 정렬하는 것이 가장 편리하다. 하지만 앞서 예시로 든 것처럼 검색량이 많지 않은 키워드를 조회할 때는 눈으로도 쉽게 확인할 수 있다.

예시를 기준으로 계속 설명해보겠다. 우선 총 조회 수가 20 이하인 것은 제외한다. 다음으로는 조회 수 대비 문서 수의 비율이 가장 낮은 것을 찾아본다. '기저귀 갈이대 언제까지'라는 키워드와 '기저귀 갈이대'라는 키워드가 가장 낮은 것으로 나온다. 하지만 '기저귀 갈이대'는 문서 수 자체가 매우 많으므로 세부 키워드와 결합해서 사용해야 하는 메인 키워드라 할 수 있다. 따라서 가장 노출 가능성이 큰 키워드는 '기저귀 갈이대 언제까지'라는 키워드이고 다음은 '기저귀 갈이대 방수 패드'라는 키워드다. 다만 키워드 자체가 조회

수가 높지 않으므로 다양한 키워드와 조합해서 제목을 짓는 방법도
고려해볼 수 있다.

! MISSION

원하는 하나의 키워드를 자유롭게 골라서 연관키워드 10개를 찾아보자.
그리고 문서 수가 낮고 조회 수가 많은 순서대로 정렬해 세부 키워드를
3개만 뽑아보자.

- 연관 키워드
:

- 세부 키워드
:

키워드를 활용해
제목 짓기

이제 기저귀 갈이대와 관련해서 찾아낸 키워드를 조합해 제목을 지
어보자. '기저귀 갈이대 언제까지'를 사용하면 '기저귀 갈이대 사용
기간, 언제까지일까?' 정도의 제목을 지을 수 있다. 그리고 이렇게
제목을 만들면 '기저귀 갈이대' '기저귀 갈이대 사용 기간' '기저귀
갈이대 언제까지'라는 3개의 키워드를 하나의 제목에 모두 담을 수
있다.

! MISSION

앞에서 고른 메인 키워드와 세부 키워드 3개를 이용해 제목을 지어보자.

- 메인 키워드: '기저귀 갈이대'
- 세부 키워드: '사용 기간' '신생아' '언제까지' '대여' '쿠션' '수납' '높이' '구매'

예시
: 신생아 기저귀 갈이대 사용 기간
: 기저귀 갈이대, 언제까지 사용할까?
: 쿠션 있는 기저귀 갈이대 저렴하게 대여할 수 있는 곳
: 수납공간이 많은 기저귀 갈이대
: 높이를 고려해 기저귀 갈이대를 구매하는 법

키워드에 관한
여러 가지 궁금증

문서 수가 적으면
좋은 키워드일까

원하는 키워드가 있다면 연관검색어를 함께 찾아보고 조회 수 대비 문서 수가 낮은 키워드를 선택하는 것이 유리하다. 즉 아무리 조회 수가 높더라도 문서 수가 많다면 경쟁률이 세다는 의미이므로 상위 노출이 어렵다. 우리가 키워드를 찾는 가장 중요한 이유는 상위 노출을 노리는 것이다. 그러므로 문서 수와 조회 수의 비율을 유심히 살펴봐야 한다.

특히 키워드 툴에서 알려주는 문서 수는 상위 노출의 가능성을 지표로 보여주는 나침반 역할을 하므로 눈여겨봐야 한다. 하지만 주의해야 할 점도 있다. 문서 수가 적은데 조회 수가 많다고 해서 무조건 좋은 키워드는 아니라는 점이다. 이를테면 이슈 키워드(실시간 검색어)가 그렇다. 기존에는 없던 신조어나 새로 나온 연예 관련 기사 등은 당연히 관련 문서 수가 적을 수밖에 없다. 하지만 화제가 되었으므로 궁금해하는 사람이 많기에 당장은 폭발적으로 검색량이 증가한다. 이런 키워드는 단발성으로 반짝했다가 끝나는 경우가 대부분이고, 이슈 키워드만 노리고 포스팅하는 사람들도 많다.

키워드 툴에서 확인할 수 있는 문서 수는 대부분 지난달 검색량을 기준으로 판단한 수치이므로 화제성 키워드는 특히 맹신해서는 안 된다. 이럴 때 참고하면 좋은 것이 발행 일자다. 내가 쓰고자 하는 키워드를 검색했을 때 나오는 결과가 대부분 최신 글이라면 과감하게 포기하는 것이 좋다. 최신 글이 대부분이라는 것은 그만큼 발행량이 많다는 것이다. 따라서 상위에 노출되더라도 금방 다른 블로그에 밀려 보이지 않게 될 가능성이 크다. 첫 페이지에 나오는 글이 '1일 전' '3일 전' '3시간 전'과 같은 상태라면 단일 키워드는 일찌감치 포기하고 롱테일 키워드를 노려보자.

한편으로, 딱히 실시간 이슈 키워드가 아닌데도 '태아 보험'처럼 경쟁이 심한 키워드는 항상 최신 글이 상위에 있는 경우가 대부분이다. 이런 키워드는 검색량이 매우 많지만, 문서 발행량 또한 상당히 많아 내 글이 상단에 노출되기는 어렵다고 판단할 수 있다.

키워드는 곧 방문자 수와 직결되며 방문자 수는 수익으로 이어진다. 따라서 좋은 키워드는 스스로 찾아내야 한다. 좋은 키워드를 공개하는 사람은 거의 없다. 초보 블로거들이 가장 어려워하는 것 중의 하나가 키워드를 찾는 것이라고 한다. 하지만 나중에는 어느 정도 요령이 생기므로 걱정하지 말자.

<네이버 '태아 보험' 키워드 검색 결과>

출처: 네이버

또한 소위 '황금 키워드'에 집착하지 않아도 된다. 그보다는 내 블로그에 적합하고 노출이 잘되는 나만의 키워드를 찾는 것이 더 중요하다. 이를 위해서는 갑자기 아이디어가 떠오르면 관련 키워드를 즉시 검색해보는 습관을 들이면 좋다. 앞에서 언급했던 카똑똑이나 M-자비스 등의 서비스를 활용하면 된다. 어떤 키워드를 찾아야 할지 모르겠다면 앞에서 다룬 '초보자도 쉽게 쓰는 글쓰기 방법' 부분을 다시 살펴보자. 수익화를 위해서는 검색자가 원하는 키워드를 써야 한다. 내가 검색하지 않는다고 해서 남들도 검색하지 않는 것은 아니다.

키워드 노출은
자연스러워야 한다

블로거에게 제품 리뷰를 의뢰하고 원고료를 주는 마케팅 업체는 대부분 블로거가 쓴 원고 초안을 받아서 검수한다. 글을 확인하는 가장 큰 이유는 제품에 대해 잘못된 정보가 들어갈지도 모른다는 우려 때문이다. 검수 과정에서 글이 상단에 노출될 수 있도록 키워드도 같이 검토하는데, 상위에 노출되는 좋은 포스팅은 마케팅 업체와 블로거 모두에게 이득이기 때문이다. 그래서 상위 노출을 위해 양측 모두 최대한 노력해서 원고를 완성하기 마련이다.

그런데 가끔 최신 검색 로직을 잘 파악하지 못한 마케팅 업체가 한 편의 포스팅에 같은 키워드를 수십 번 넘게 넣어달라고 하거나 키워드를 굉장히 어색하게 추가로 삽입해달라며 무리하게 요구할 때가 있다. 그런 포스팅은 당연히 상위에 노출되지 않는다. 검색 로직이 지금처럼 진화하기 전에는 제목과 내용에 키워드만 반복하면 상위에 노출되던 시절이 있었다. 그 결과 상당수의 블로그에서 광고를 남발했고, 네이버가 이런 행위를 막기 위해 내놓은 검색 로직이 바로 2012년에 도입한 리브라^{libra}다.

이제 더 이상 무수히 많은 키워드 반복은 통하지 않는다. '○○○ 임산부 바디필로우'라는 제품을 홍보하기 위해 원고를 쓴다고 가정해보자. 글에 한두 번 정도 해당 키워드를 직접 넣을 수는 있겠지만, 그 후에는 "이 제품은…"이라거나 "바디필로우는…"처럼 대명사를 써야 글이 어색하지 않다. 문장마다 반복해서 "○○○ 임산부 바디 필로우는…"이라고 적으면 읽는 사람도 거부감이 들고 네이버 로직도 광고라고 판단한다. 그렇게 되면 노출 순위에서 밀리거나 아예 검색되지 않을 수 있다.

그러므로 최신 검색 로직의 방향성을 파악하지 못한 마케팅 업체의 가이드라인은 블로거의 입장에서 잘 고려해보는 것이 좋다. 해당 가이드라인에 맞춰서 포스팅하면 상위 노출은커녕 내 블로그에까지 악영향이 있을 수도 있기 때문이다. 나는 이럴 때면 마케팅 업체에 직접 이야기하지만, 마케팅 업체도 광고주라는 상위 결정권자가 있어서 마음대로 바꾸기가 쉽지 않다. 결국 협의가 안 되면 노출이 되지 않더라도 별수 없이 업체에서 요청하는 대로 글을 쓰는 편이다.

앞에서도 언급했지만, 최근 들어서 네이버의 로직이 진화하고 있어서 이제는 키워드를 반드시 붙여서 쓰지 않아도 핵심 내용을 잘 파악한다. 심지어 제목에 들어가있는 메인 키워드가 본문에 전혀 들어가있지 않아도 검색 로직이 제목과 연관성이 있다고 파악해서 메인 키워드로 노출해주기도 한다.

키워드를 어느 정도 반복하는 것은 좋지만, 흐름을 해치지 않게 아주 자연스럽게 본문에 풀어내야 한다는 점은 몇 번씩 강조해도 지나치지 않다. 풀어서 쓰는 것이 어느 정도 익숙해지기 전까지는 글을 작성하고 나면 찾기 기능(Ctrl+F)을 이용해 내가 의도했던 것보다 키워드가 지나치게 많이 들어갔거나 적게 들어가지 않았는지 꼭 스스로 확인해보자.

섹션 배치는
순서를 고려하자

섹션 배치 순서란 우리가 어떤 키워드를 검색했을 때 노출되는 순서를 말한다. 예를 들어서 '아기 모자'라는 키워드를 네이버에서 검색했을 때 가장 먼저 나오는 것은 파워 상품이나 파워 링크(네이버 광고)다. 그다음은 쇼핑, 스마트블록, 이미지, 뉴스로 순서가 이어진다.

'아기 모자'를 검색하는 사람들이 무엇을 원할까? 대부분의 사람은 아기 모자를 구입하려는 목적으로 검색할 것이다. 그러므로 네이버도 쇼핑 위주의 화면으로 재구성해 검색 결과를 업데이트한 것이다. 물론 블로그나 카페 글을 통해서 다른 사람들은 어떤 모자를 구입했는지 알아보려는 사람도 있지만, 주 검색 의도를 생각해보면 절반 이상은 쇼핑몰로 이동하리라고 추측해볼 수 있다.

그래서 '내가 쓰려고 하는 키워드가 어떤 성향을 가졌는가?'와 '섹션 배치는 어떤가?'는 중요한 요소다. 실제로 바로 네이버 쇼핑으로 넘어가려고 하는 사람들도 첫 섹션에 블로그가 뜨면 다른 사람들은 어떤 제품을 쓰는지 궁금해서 한번 훑어볼 수도 있으므로 뷰 탭이 가장 먼저 나오는 키워드가 좋다.

이 섹션 배치는 직접 검색창에 키워드를 넣어서 확인해볼 수도 있고, 아까 언급했던 블랙키위와 같은 키워드 툴을 이용해서도 확인할 수 있다. 한 가지 더 유의해야 할 점은 컴퓨터와 모바일 화면의 섹션 배치가 다를 수도 있다는 점이다. 네이버에서 업데이트를 통해 컴퓨터 검색과 모바일 검색의 화면을 상당 부분 일치하도록 했지만, 아직 그렇지 않은 검색 결과도 많다. 요즘은 대부분 스마트폰 검색을 더 많이 하므로 모바일 위주로 확인하면 되지만, 키워드 성격에 따라 섹션 배치가 달라질 수 있기에 항상 양쪽 다 체크하는 것이 좋다.

<네이버 '아기 모자' 키워드 검색 시 섹션 배치 차이(PC/모바일)>

출처: 블랙키위

상위 노출 블로그에 담긴
네이버 로직의 비밀

네이버 로직 이야기
- 씨랭크와 다이아

네이버 검색 로직의 이론적인 부분을 다루면 블로그에 대한 흥미가 떨어질 수 있기에 생략하려고 했지만, 네이버 검색 알고리즘 요소인 씨랭크와 다이아D.I.A., Deep Intent Analysis라는 두 가지 요소는 상위 노출과 깊은 관련이 있으므로 간단하게 짚고 넘어가고자 한다.

네이버 검색 로직은 현재 씨랭크와 다이아로 구성되어 있다. 이 두 로직은 블로그에 만연한 광고를 차단하고 사람들이 좋아하는 글을 보여주기 위한 목적으로 2018년에 만들어졌다.

씨랭크

우선 씨랭크는 블로그의 전문성을 바탕으로 노출도를 결정하는 로직이다. 포스팅하는 글의 신뢰도가 얼마나 높은지, 인기가 있는지를 판단해 순위(랭크)로 평가하는 것이다. 약사가 운영하는 블로그는 약에 관해 더 전문적이고 신뢰가 가는 포스팅을 발행할 것이다. 게다가 전문가가 작성하는 글이므로 글에 대한 반응도 좋고 관련 댓글도 많이 달릴 것이다.

씨랭크는 평가를 통해 블로그별로 점수를 매겨서 순위를 결정한다. 즉 블로그별로 각자의 점수가 있어서 같은 글을 쓰더라도 점수가 높은 블로그에서 포스팅한 글이 더 상위에 노출될 확률이 높다. 한 가지 주제를 정해 블로그를 운영하라는 이유도 이 씨랭크 때문이다. 결국 씨랭크는 네이버가 공개한 좋은 문서의 기준인 '좋은 창작자에게서 나온 문서' 중에서도 '좋은 창작자'를 평가하는 로직을 의미한다. 평가 대상이 블로그인 만큼, '좋은 창작자'는 결국 사람이 아니라 블로그가 된다. 블로그를 사고파는 일이 비일비재하게 벌어지는 것도 바로 이 때문이다.

그렇다면 씨랭크 가산점을 잘 받는 블로그가 되려면 어떻게 해야할까? 네이버가 공식적으로 공개한 바에 의하면 3C, 즉 맥락^{Context}, 내용^{Content}, 연결된 소비·생산^{Chain}의 세 가지 항목이 출처의 신뢰도와 인기도를 결정한다고 한다. 좀 더 풀어서 설명하면 내가 포스팅한 글이 검색하는 사람의 의도에 맞게 작성된 전문적인 정보 글인지, 검색자가 해당 내용에 만족해 댓글, 공감, 공유 등의 연쇄 반응을 보이는지를 판단해 얼마나 믿을 수 있고 인기 있는 블로그인지를 계산하는 것이다.

'지속 가능한 블로그 주제 정하기'에서 다룬 것처럼 네이버는 주제를 총 31개로 분류하고 있다. 한 가지 주제로만 꾸준히 양질의 글을 작성하면 씨랭크를 높일 수 있다. 하지만 반드시 단일 주제로만 글을 써야 하는 것은 아니다. 예를 들어서 주로 육아에 대한 글을 포스팅하는 블로그에서 아이와 함께 여행을 다니며 양질의 콘텐츠를 생산한다면 여행 카테고리의 씨랭크도 같이 오를 수 있다.

다이아

다이아는 블로그가 아니라 '문서'에 대해 평가하는 로직이다. 즉 다이아는 검색자에게 도움이 되는 정보가 상위에 노출되도록 결정하는 로직이다. 따라서 씨랭크가 조금 낮더라도 다이아를 노려서 글을 작성하면 내 포스팅을 상위에 노출할 수 있다. 그렇다면 다이아가 콘텐츠를 높게 평가하는 요인은 무엇이 있을까? 문서가 주제와 적합한지, 실제로 경험한 내용이 들어있는지, 정보가 충분히 담겨있는지, 남들이 쓰지 않은 독창적인 글인지 등이 해당 요인이다.

내가 만약 결혼 비용을 주제로 잡고 글을 쓴다고 하자. 그런데 글 안에 비용에 대한 내용은 빈약한 반면에 웨딩플래너 광고나 어떤 웨딩드레스가 더 예쁜지 비교하는 내용만 주를 이룬다면 비용을 알고 싶어서 내 블로그에 들어온 검색자는 블로그를 이탈할 것이다. 결국 이 로직은 사람들의 선호도를 판단하므로 검색하는 사람이 만족할 만한 글을 작성할수록 점수를 높일 수 있다. 다이아 로직은 2020년 11월경에 다이아 플러스[D.I.A.+]로 업그레이드되어 타인의 경험이나 리뷰를 보고자 하는 검색자의 질의 의도를 더 세밀하게 분석

하게 되었다. 예를 들어서 누군가가 네이버에서 '강아지 미용 비용'이라는 키워드로 검색하면 사용자의 질의 의도를 파악해 비슷한 키워드인 '강아지 미용 가격'에 대한 검색 결과도 같이 보여주는 문서 확장 기술이 추가되었다. 현재는 여기에 스마트블록이 적용되었다. 네이버는 지금도 꾸준한 로직 업데이트를 통해서 검색자의 편의 증대를 위한 변화를 시도 중인 만큼, 읽는 사람의 입장에서 글을 쓰는 것이 중요하다.

키워드를 이용해
검색 시 상위 노출하기

'키워드를 찾고 제대로 활용하는 방법'의 내용을 바탕으로 키워드 툴을 활용해 경쟁력 있는 키워드를 찾을 수 있게 되었다. 그렇다면 이를 적절하게 활용해 내 글을 상위에 노출하려면 어떻게 해야 할까?

상위 노출은 매우 중요하다. 검색자는 네이버에서 필요한 키워드를 검색한 후 만족할 만한 정보를 얻기 전까지는 다른 글을 계속해서 찾아본다. 하지만 첫 번째 글에서 원하던 해답을 다 찾았다면 어떨까? 당연히 다음 글을 볼 이유가 없을 것이다. 그래서 검색 시에는 내 글이 최대한 위에 자리 잡게 하는 것이 중요하다. 이를 상위 노출이라고 한다.

상위 노출에서 가장 중요한 것은 단연 키워드다. 네이버는 기본적으로 특정 키워드의 반복 정도를 확인해서 해당 글의 주제를 파악한다. 즉 제목에 삽입된 키워드가 본문에도 있는지, 본문의 논조에서 일관성이 유지되는지 등을 로직을 통해서 확인하고 이를 검색 결과에 반영한다. 물론 검색엔진은 계속해서 발전 중인 만큼 최근에는 꼭 같은 단어가 반복되지 않더라도 비슷한 단어가 들어가있거나 문장의 흐름이 매끄럽게 이어지는지 등 여러 항목을 바탕으로 글쓴이가 어떤 이야기를 하고자 하는지 파악한다.

예를 들어서 아기 분유라는 키워드로 상위 노출을 노리는 포스팅을 하려면 기존에는 본문에 무조건 아기 분유라는 단어가 반복되어야 했지만, 지금은 해당 내용을 본문에 풀어서 쓰고 "아기가 분유를 먹는다"라는 문장을 넣으면 네이버 측에서 아기 분유라는 키워드를 인식할 수 있다. 또는 추천이라는 단어를 제목에만 넣었는데도 '○○ 추천'이라는 키워드로 상위에 노출되기도 한다. 물론 아직은 여전히 글의 흐름이 어색해지지 않는 선에서 적당히 키워드를 반복하는 것이 노출에 어느 정도 유리한 것은 사실이다.

그 외에도 띄어쓰기와 맞춤법에 대한 이슈도 있다. 여러분은 '임산부 튼살오일'과 '임산부튼살오일'의 검색 결과가 다르다는 사실을 알면 아마 깜짝 놀랄 것이다. '베개'와 '배게'의 검색 결과도 다르다. 검색자들은 전혀 신경 쓰지 않는 부분이지만, 자기 포스팅을 상위에 노출시키기 위해 여러 방면으로 신경을 쓰면서 키워드를 고르는 블로거에게는 굉장히 중요한 부분이다. 띄어쓰기와 맞춤법 하나 때문에 노출 순위가 바뀔 수도 있기 때문이다.

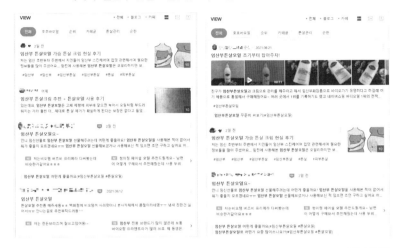

출처: 네이버

네이버는 로직을 지속해서 업데이트하면서 이런 간극을 줄이고자 노력하고 있지만, 아직은 이런 부분이 남아있다는 것을 유의하자. 특히 스마트폰 검색자는 띄어쓰기를 생략하는 경향이 있다는 것을 참고하고, 특정 주제로 포스팅하기 전에 해당 키워드에 관해 직접 검색해보는 습관을 들이면 좋다.

결론적으로 내 포스팅이 검색 시 상위에 노출되기를 원하면 검색되기를 원하는 키워드를 제목에 넣고, 본문에서는 흐름을 끊지 않는 선에서 키워드를 자연스럽게 넣어야 한다. 똑같은 키워드를 넣기보다는 유의어 등 관련 단어를 풍부하게 넣어주면 내용이 더 다채로워진다. 여기에 관련 이미지나 영상, 지도까지 첨부하면 더 좋다. 물론 일관성 있고 독창적인 글이어야 한다는 것은 두말하면 잔소리다.

네이버가 공개한 좋은 문서의 기준은 '좋은 창작자에게 나온 좋은 문서'다. '좋은 창작자'란 저품질의 글을 지양히고 양질의 문시를 꾸준히 발행한 블로거를 말하며 '좋은 문서'란 네이버가 싫어하는 내용('네이버가 싫어하는 문서의 종류' 부분 참고)이 들어있지 않은 독창성 있는 글, 직접 체험한 경험이 우러나온 글을 말한다.

이 내용을 보면 블로그를 키우는 방법에 대한 정답은 이미 나와 있다. 꾸준히 좋은 글을 써서 네이버 측에 나를 좋은 창작자로 인식시키고 내 경험이 포함된 독창성 있는 글을 포스팅하다 보면 블로그는 자연스럽게 성장하게 될 것이다.

주제를 표현하는
다양한 키워드 발굴하기

키워드를 찾는 방법 중에서 가장 간단한 것은 네이버를 이용하는 것이다. 네이버에서 제공하는 기능만으로도 다양한 키워드를 찾을 수 있다. 첫 번째는 자동완성 기능이다. 검색창에 내가 검색하고자 하는 단어를 넣으면 세부 키워드를 검색창 하단에 보여준다. 이 키워드는 검색량과도 관련이 있어서 결괏값이 항상 같지는 않다. 따라서 요즘 해당 검색어가 어떤 키워드로 많이 검색되는지를 자동완성을 통해서 파악할 수 있다.

두 번째는 연관검색어. 검색 결과를 확인하면 검색창 아래 또는 우측에 연관검색어가 나온다. 연관검색어를 다시 키워드 툴에 넣어서 조회 수와 문서 수를 확인해보자. 의외로 이런 곳에서 나만의 황금 키워드를 발견할 수 있다.

<네이버 검색창 연관검색어 활용 예시>

출처: 네이버

세 번째는 네이버 블로그 앱을 이용하는 것이다. 통계 화면의 크리에이터 어드바이저 부분에 들어가면 트렌드라는 탭이 있는데 그 안에 주제별·성별·연령별 인기 유입 검색어가 있으므로 본인의 주제에 맞는 검색어를 확인해서 키워드를 찾으면 된다. 다만 이 키워드는 조회 수나 문서 수가 많은 키워드일 가능성이 크므로 세부 키워드를 노려서 글을 작성하자.

대부분의 키워드 툴은 내가 검색한 단어와 관련 검색어를 같이 보여주는 기능이 있다. 그 검색어들은 조회 수가 너무 적거나 너무 많아서 필요 없다고 생각할 수도 있지만, 실제로 본문을 작성할 때

이 검색어들을 활용하면 더욱더 다채롭고 풍부한 내용으로 글을 작성할 수 있다.

예를 들어서 '생후 6개월 아기 발달'에 대한 글을 쓴다고 가정해보자. 연관검색어에서 찾을 수 있는 키워드인 장난감, 분유량, 이유식, 수면 시간, 키, 몸무게 등을 본문에 자연스럽게 녹여 넣으면 풍부한 경험담과 정보를 담은 양질의 글이 된다.

<네이버 크리에이터 어드바이저 활용 예시>

출처: 네이버 크리에이터 어드바이저

상위 노출 블로그 강의는
과연 도움이 될까

블로거들이 가장 알고 싶어 하는 것이 검색 시 상위에 노출되는 방법이다. 상위 노출은 조회 수와 직결되고, 조회 수는 곧 수익으로 이어진다. 이를 아는 블로거들은 포스팅할 때 자신의 글이 가장 먼저 보이게끔 글을 쓰려고 노력한다. 만약 여러분이 상위 노출 방법을 찾기 위해 관련 강의를 듣거나 정보를 찾아다닌다 해도 속 시원한 정답은 얻지 못할 것이다.

한때는 블로그를 최적화시켜서 상위 노출을 할 수 있는 방법이 있었다. 당시에는 블로그를 개설하고 몇 개월이 지나면 자동으로 최적화가 되기도 했고, 이때 키워드를 반복 사용하면 상위에 노출되었다. 이를 이용했던 마케팅 업체들과 자영업자들은 광고 효과를 톡톡히 노려서 큰돈을 벌어들였다. 하지만 네이버 검색엔진이 진화하면서 이제 이런 일종의 꼼수를 이용한 상위 노출은 불가능해졌다. 그래도 정석대로 블로그를 꾸준하게 운영한다면 수익이 보장되므로 수많은 블로거가 오늘도 디지털 노마드^{digital nomad}를 꿈꾸며 포스팅을 하고 있다.

블로그를 키우는 방법은 딱히 정해진 것이 없다. 굳이 왕도를 제시한다면 좋은 글을 잘 쓰고 꾸준하게 운영하면 된다. 시중에서는 블로그를 키우는 방법이나 포스팅이 상위에 노출되는 방법을 알려 준다는 고액의 강의를 쉽게 찾아볼 수 있다. 그러나 그런 사람들치고 실제로 본인의 블로그가 상위에 노출되는 최적화 블로그인 경우는 드물다. 강사 본인도 그 방법으로 블로그를 성장시키기가 쉽지 않다는 이야기다.

만약 내가 상위 노출 방법을 잘 아는 블로그 강사라면 당연히 수강생의 신뢰를 얻기 위해 직접 블로그를 만들어 성장시키고 상위에 노출시켜서 본보기를 보여줄 것이다. 아니면 최적화 블로그를 만들고 광고를 통해서 돈을 벌 것이다. 하지만 그렇게 하는 강사는 거의 찾아볼 수 없다. 왜냐하면 블로그를 제대로 키우는 방법은 오랜 시간 동안 큰 노력을 들여서 꾸준히 운영하는 방법밖에 없다는 것을 그들도 잘 알고 있기 때문이다. 나도 블로그를 운영하다가 궁금한 것이 많아서 강의를 찾아본 적이 있다. 그러나 강사의 블로그가 내 블로그보다 못한 것을 보고 신뢰를 잃어서 수강하지 않은 적도 있고, 실제로 들었는데도 결국 내가 다 아는 뻔한 내용을 강의해서 그 이후로는 듣지 않았다.

블로그 광고를 업으로 삼는 마케팅 전문가들 역시 이 정답을 알고 있다. 그들은 이메일이나 쪽지로 블로그를 임대해달라거나 협업하자는 제안을 많이 한다. 좋은 블로그로 키우는 방법을 안다면 본인들이 직접 블로그를 최적화시켜서 자기 블로그에 광고를 올리는 것이 가장 이득일 텐데 말이다. 이렇듯 블로그를 성장시키고 상위에 노출시키는 특별한 방법은 없다. 만약 있다고 해도 딱 정해진 것이 아니라 생각보다 굉장히 다양하고 복합적인 요소가 적용되므로 누구도 알 수 없고, 보장할 수도 없다.

가장 중요한 점은 네이버가 상위 노출이나 블로그 최적화에 대한 기준을 공식적으로 밝히지 않았다는 것이다. 따라서 시중에서 돌아다니는 내용은 전부 추측일 수밖에 없다. 물론 그 추측 역시 수많은 블로거의 경험에서 우러나온 내용이므로 믿을 만한 것들도 있고 신빙성이 없는 것들도 섞여있어서 판단을 잘해야 한다. 그리고 누군가가 이와 관련된 이야기를 하더라도 완벽하게 맞거나 틀린 것은 없다는 사실을 꼭 유의해야 한다. 지금까지 네이버 측에서 정확하게 공지하고 발표한 것들은 좋은 문서와 나쁜 문서에 관한 내용이다. 상위 노출과 최적화 블로그에 대해서는 아직 언급한 바가 없다.

　결국 우리는 블로그를 운영하면서 경험을 통해 스스로 깨우치고 성장해야 한다. 어떤 마케팅 강의를 들어도 바로 고수가 되거나 블로그가 갑자기 성장할 수는 없다는 사실을 기억해야 한다. 블로그는 양질의 글을 쌓으며 시간과 노력을 들여서 키워야 한다.

포스팅을 풍성하게 만드는
이미지 활용 노하우

이미지를 넣을 때
고려해야 할 것들

이미지는 블로그의 상위 노출에 큰 영향을 주는 요소는 아니다. 그러나 주제와 관련된 적절한 이미지의 삽입은 글의 가독성을 높여주고 정보를 전달하는 데 큰 도움이 된다. 물론 단순히 화려해 보이거나 눈에 띄려는 의도로 중간에 의미 없는 사진을 아무렇게나 넣는 것은 피하는 게 좋다. 특별히 넣을 사진이 없는 경우에는 네이버에서 제공하는 스티커를 문단과 문단 사이에 넣으면 한층 더 보기 좋은 글을 만들 수 있다. 단, 포스팅의 일차적인 목적은 제대로 된 정보 전달이므로 주제와 관련해서 직접 촬영한 사진을 적당한 위치에 넣는 것이 가장 좋다.

네이버는 같은 내용의 이미지라면 고화질을 선호한다고 밝힌 바 있다. 그렇다고 해서 모든 부분에 반드시 초고화질 사진이 필요한 것은 아니다. 다만 너무 저화질 이미지는 검색자의 만족도를 떨어뜨릴 수 있으므로 웬만하면 고화질 이미지를 넣어주는 것이 좋다.

이미지를 넣을 때 가장 하지 말아야 할 것이 있다. 바로 남의 사진을 도용하는 것이다. 인터넷상에서 떠돌아다니는 이미지를 함부로 가져다 쓰는 것은 당연히 금물이다. 저작권 때문에 큰 문제가 될 수 있고, 네이버 측에서도 유사 이미지나 중복 이미지로 판단할 수 있기 때문이다. 나중에 다시 언급하겠지만, 기자단 활동이라든가 돈을 받고 본인의 블로그에 남이 작성한 원고를 받아서 올리기만 하는 소위 원고 업로드 아르바이트는 유사 문서, 유사 이미지로 문제가 될 수 있으므로 추천하지 않는다. 그만큼 네이버는 독창적이고 창작자가 직접 만든 콘텐츠를 중요하게 여긴다.

블로그 포스팅 시 이미지 삽입하기

블로그에 이미지를 넣을 때는 두서없이 배치하지 말고 글의 흐름과 순서에 맞춰서 넣는 것이 좋다. 또한 비슷한 사진을 다량으로 넣는 것은 금물이다. 최대한 다양한 사진을 다채롭게 보여주는 것이 가장 좋다.

사진은 같은 줄에 최대 3장까지 붙여놓을 수 있는데, 그렇게 하면 보이는 이미지 크기가 너무 작아진다. 물론 컴퓨터 모니터로 보거나 클릭해서 확대하면 볼 수는 있지만, 스마트폰 사용자가 절대적으로 많은 지금은 한 줄에 최대 2장까지만 배치하는 것을 권장한다.

글에 어울리는 이미지를 넣어서 작성한 포스팅은 가독성과 디자인이라는 두 마리 토끼를 다 잡을 수 있다. 이미지에는 캡션을 달 수 있는데 이곳에 키워드를 넣어주면 네이버 이미지 검색 기능을 사용하는 검색자들에게 내 사진이 노출되기도 한다. 예를 들어서 '크록스 사이즈 표'라는 키워드는 아예 애초부터 이미지로 검색하는 사람이 많다. 네이버 역시 해당 키워드 검색 시에는 이미지 섹션을 뷰 탭보다 먼저 보여준다. 그렇다고 해서 모든 사진에 캡션을 달 필요는 없다. 제목의 키워드만으로도 이미지 검색 시에 대부분 노출되기 때문이다. 그러니 대표적으로 보여주고 싶은 이미지 캡션에 키워드를 달아주고, 나머지 이미지 캡션은 자유롭게 내가 하고 싶은 말을 넣어주자.

블로그에 동영상을 올릴 때 영상 제목을 따로 쓰지 않고 포스팅하면 포스팅 제목과 동일하게 올라가는데, 나는 되도록 키워드를 넣어서 알맞은 제목을 넣어주려고 하는 편이다. 또한 이미지 위치를 변경하거나 배치를 수정할 때는 모바일 화면으로 설정해놓고 작업할 것을 권장한다. 이미지 크기가 작아져 그만큼 이동과 배치가 수월하기 때문이다. 다만 포스팅하기 직전에는 반드시 컴퓨터 화면으로 변경해서 정렬이 잘못된 곳이 없는지 확인해야 한다. 모바일에서는 화면에 꽉 찬 것처럼 보였던 이미지가 컴퓨터로 봤을 때는 한쪽으로 정렬되어 보기 좋지 않을 때가 종종 있기 때문이다.

포스팅별
이미지 사용 방법

이미지는 본인이 직접 촬영한 고화질 사진이 가장 좋다. 하지만 글의 주제에 따라 삽입할 수 있는 이미지의 형태를 고려해야 한다. 세 가지 종류로 나눠볼 수 있는데, 방법을 설명하는 글, 단순 정보성 글, 리뷰 형태의 글이다.

첫 번째로 '종합소득세 신고하는 법'처럼 방법을 설명하는 형태의 글을 쓸 때는 굳이 직접 촬영한 사진을 쓸 필요가 없다. 그보다는 관련 홈페이지 화면을 캡처해서 글에 넣어주는 것이 좋다. 특히 내 경우에는 이럴 때 캡처 프로그램을 이용해 이미지를 한 번 더 살짝 수정해준다. 이미지에 설명용 화살표를 넣거나 네모 박스로 중요 부분을 표시하는 것이다.

두 번째는 단순 정보성 글이다. 정보성 글을 작성하기 위해서는 먼저 자료 조사를 선행해야 한다. 내가 알고 있는 기존 지식이 있더라도 공식 사이트 등을 통해서 한 번 더 확인 절차를 거친다. 이렇게 자료를 조사하면 자료의 신빙성은 확인할 수 있어도 이와 관련한 이미지를 직접 촬영하기는 어려울 때가 많다. 예를 들어서 아기 인큐베이터에 관한 이야기를 쓰려고 할 때 실제 인큐베이터를 직접 촬영하기는 어렵다. 이럴 때는 무료 이미지 사이트나 네이버 블로그 에디터에서 제공하는 글감 기능의 도움을 받으면 주제에 맞는 깔끔한 이미지를 찾아서 넣을 수 있다. 글감 기능은 바로 뒤에서 자세히 설명하고자 한다.

세 번째는 직접 경험한 것에 대한 정보를 제공하는 리뷰 형태의 글이다. 이때는 내가 직접 촬영한 이미지를 쓰는 것이 좋다. 본인이 체험하거나 경험한 글을 쓸 때는 직접 찍은 사진이 들어가는 것이 가장 좋다는 점을 명심하자.

TIP 픽픽 PicPick 활용하기

화면을 캡처하는 도구는 컴퓨터 기본 프로그램을 사용해도 좋지만, 픽픽이라는 프로그램을 활용해보는 것을 추천한다. 가벼운 프로그램이지만, 필요한 기능은 다 들어있기 때문이다.

픽픽을 사용하면 내가 캡처한 것을 그대로 블로그에 복사해서 쓸 수 있고, 캡처 후에는 자동으로 저장해주는 기능도 있다. 게다가 번호를 매기거나 박스 처리, 텍스트 삽입 등의 간단한 편집 기능과 모자이크나 블러 작업도 가능하다.

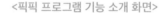
<픽픽 프로그램 기능 소개 화면>

출처: 픽픽

이미지를 구하는
다양한 방법

기본적으로 대부분의 이미지는 앞에서 언급한 글감 기능을 이용하면 무료로 손쉽게 구할 수 있다. 글감 기능은 사진, 영화, TV, 책 등의 요소를 본문에 삽입할 수 있도록 해주는 기능이다. 사진은 원하는 키워드를 입력하면 무료/유료 이미지로 구분해서 나오므로 본인에게 필요한 것을 골라서 사용하면 된다. 출처도 자동으로 넣어주니 크게 신경 쓸 필요가 없다. 하지만 그곳에서도 내가 원하는 이미지를 찾을 수 없다면 다음 방법들을 추천한다. 하나는 이미지 제공 사이트를 이용하는 것이다. 내가 주로 많이 이용하는 이미지 사이트는 픽사베이www.pixabay.com다. 픽사베이도 무료/유료 이미지를 구분해서 제공한다.

또 한 가지 방법은 구글에서 관련 주제 이미지를 검색하고 크리에이티브 커먼즈 라이선스 필터를 설정하는 것이다. 크리에이티브 커먼즈 라이선스란 비영리 목적으로 사용할 때 일일이 저작권자의 허락을 구하지 않고 사용할 수 있도록 저작권자가 사용 조건을 미리 알린 저작물이다. 이런 이미지를 이용하면 저작권 침해 소지가 없는 이미지를 쓸 수 있다. 이상의 세 가지 방법을 이용하면 웬만한 이미지는 모두 구할 수 있을 테니 남의 블로그에서 함부로 도용하는 일은 없도록 하자.

이 외에도 이미지를 구할 수 있는 사이트는 다양한데, 무료 이미지 사이트라 해도 간혹 유료 이미지가 섞여있을 수도 있으니 반드시 비용 여부를 확인한 후에 사용해야 한다. 이미지마다 라이선스(상업적 사용 가능, 저작권 고지 필요 여부)에 관한 내용이 표기되어 있으며 이미지 크기도 선택해서 다운로드할 수 있다.

> **TIP** **기타 무료 이미지 사이트 추천**
>
> - 픽셀스 www.pexels.com/ko-kr
> - 언스플래쉬 www.unsplash.com
> - 스톡업 www.stockup.sitebuilderreport.com

움직이는 이미지, 움짤 만들기

인터넷에서 많이 사용하는 용어로 '움짤'이라는 용어가 있다. '움직이는 짤방'의 줄임말인데, 여기서 '짤방'은 '짤림(잘림) 방지'를 의미한다. 원래 짤방은 사진이나 동영상을 올리는 게시판에 사진이나 동영상이 아닌 글을 올리거나 게시판의 주제에 벗어난 글을 작성했을 때 자신의 글이 삭제되는 것을 막기 위해 함께 올리는 사진이나 동영상을 의미하는데, 지금은 짧은 분량으로 움직이는 이미지를 통칭하는 움짤이라는 용어로 자리 잡았다.

블로그에 글을 포스팅할 때도 움짤을 쓰는 경우가 많다. 움짤은 확장자가 GIF^{Graphics Interchange Format}인 파일이며, 대부분의 블로그에서 이미지와 함께 많이 활용하고 있다. 직접 클릭해서 봐야 하는 동영상보다 자동으로 재생되는 짧은 영상이 보기 편하기 때문이다. 게다가 영상이 짧다 보니 중요한 부분만을 의도적으로 노출해 이를 보는 사람도 명확하고 빠르게 이해할 수 있다. 다만 블로그용 움짤은 크기가 20MB 이상이 넘으면 업로드가 되지 않으므로 그 이하의 용량으로 만들어야 한다. 또한 글 안에 움짤이 많을수록 페이지 로딩 시간이 길어져 검색자가 답답함을 느껴 문서에서 이탈할 수 있으므로 적당하게 삽입해야 한다. 요즘은 스마트폰에서 기본적으로 GIF 파일을 만드는 기능을 제공해주므로 간단하게 만들 수 있지만, 나는 앱을 이용하는 편이다. 우선 동영상을 촬영하고 GIF 메이커-편집기와 같은 앱을 이용해 원하는 부분만 잘라서 움짤로 만든다. 처음부터 직접 GIF 모드로 촬영하면 편집하기가 어렵지만, 동영상을 찍은 후에 GIF로 변환하면 속도, 길이, 용량, 크기 등을 자유롭게 편집할 수 있어서 직접 GIF 모드로 촬영하는 것보다 수정하기 편리하다.

눈에 확 띄는
블로그 섬네일 만들기

내 포스팅이 꼭 1위가 아니더라도 어느 정도 상위에 있다면 섬네일을 공략해보는 것도 좋은 방법이다. 눈에 확 띄는 섬네일은 검색자들이 내 포스팅을 클릭할 확률을 높여준다. 섬네일을 만들 수 있는 사이트도 다양한데, 나는 그중에서도 미리캔버스www.miricanvas.com라는 사이트를 애용한다. 미리캔버스는 인터페이스가 직관적이고 포스팅용 섬네일을 만드는 데 유용한 편이다. 무료로 이용할 수 있다는 점도 장점이다.

미리캔버스는 다양한 플랫폼의 섬네일을 지원하는데, 여기서 네이버 블로그를 선택하면 1:1 비율과 1.77:1 비율의 섬네일을 만들 수 있다. 1:1 비율은 모바일용 섬네일이고 1.77:1 비율은 컴퓨터용 섬네일이다. 스마트폰과 컴퓨터에서 보는 섬네일의 크기는 각각 다르다. 사실 컴퓨터용 섬네일의 비율은 정확하게는 3:2 비율인데 네이버 카페나 카카오톡, 지식인 등에 노출되는 섬네일 비율이 제각각이므로 컴퓨터용 기준으로 섬네일을 만들고 싶다면 가로 사이즈가 제일 큰 비율인 16:9 비율(1.77:1 비율과 거의 비슷하므로 미리캔버스를 이용해도 된다)로 만드는 것이 좋다.

컴퓨터와 모바일에서 모두 잘리지 않는 비율의 섬네일을 만들 수 있는 방법이 있다. 모바일 기준인 1:1 비율 화면 안에 16:9의 비율의 섬네일을 삽입하거나 컴퓨터 기준인 16:9 비율 화면 안에 1:1 비율의 섬네일을 넣어서 만드는 것이다. 이렇게 하면 이용자가 어떤 플랫폼을 쓰든지 잘리지 않는 비율로 섬네일을 제공할 수 있다.

하지만 이럴 경우 제작 과정이 복잡해질뿐더러 요즘은 대부분 스마트폰을 이용하므로 1:1 비율로 제작하는 것을 추천한다. 또한 미리캔버스는 여러 종류의 고퀄리티 템플릿을 제공해서 블로거가 굳이 아이디어를 짜내지 않아도 간단하게 깔끔한 형태의 섬네일을 제작할 수 있다.

<미리캔버스 섬네일 작업 화면>

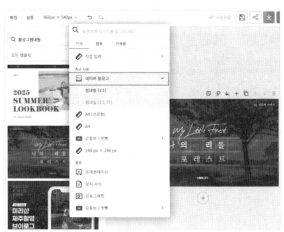

출처: 미리캔버스

만약 좀 더 편한 방법을 찾는다면 네이버 스마트 에디터에서 지원하는 사진 편집 기능을 이용해보자. 원하는 사진을 선택하고 편집 화면에 들어가서 자르기, 회전 기능을 이용해 16:9의 비율로 사진을 수정한다. 그 후에 텍스트 기능을 이용하면 사진에 글도 넣을 수 있다. 스마트 에디터는 예쁘게 꾸며진 텍스트인 아트 타이포를 다양하게 제공해주므로 원하는 타이포를 골라서 쓰면 간단하게 섬네일을 만들 수 있다.

<네이버 스마트 에디터 사진 편집 기능>

출처: 네이버 스마트 에디터

이미지 사용 시
개인정보 관리하기

옛날에는 개인정보에 대한 경각심이 크지 않아 많은 사람이 이 부분을 크게 신경 쓰지 않았다. 그러나 요즘은 법령으로도 제정될 만큼 개인정보에 대한 중요성과 인식이 크게 높아졌다. 네이버 역시 그렇다. 대부분의 초보 블로거가 실수하는 것 중 하나가 블로그를 통해 자신의 개인정보를 과도하게 노출한다는 점이다. 개인정보가 많이 노출된 블로그 포스팅을 보다 보면 해당 블로거가 어느 지역에 살고 있고 심지어 무슨 일을 하는지까지 자연스럽게 알 수 있다.

글을 쓰나 보면 주제에 따라 어느 정도의 개인정보 노출은 필수

불가결한 부분이므로 일정 수준의 노출은 어쩔 수 없다. 하지만 굳이 드러낼 필요가 없는 개인정보 노출은 지양하는 것이 좋다. 주로 이미지를 사용할 때 이 점을 유의해야 한다.

예를 들어서 점심식사 후 해당 식당에 대한 음식과 가격에 대한 리뷰를 위해서 영수증을 찍어서 포스팅할 때가 있다. 물론 식당의 주소나 이름, 가격 등은 적절한 정보지만, 사업자등록번호, 내 카드 승인번호처럼 개인적인 부분은 가려주는 것이 좋다. 영수증이나 처방전, 각종 안내문 같은 이미지를 포스팅을 위해 올릴 때는 노출되기 쉬운 개인정보가 해당 이미지 안에 있는지 한 번 더 체크하고 올리자. 그런 부분이 있다면 네이버 블로그 에디터에서 지원하는 모자이크 기능이나 이모티콘 등으로 쉽게 가릴 수 있다.

포스팅용 사진
예쁘게 찍는 법

포스팅용 사진은 당연히 잘 찍은 사진이 좋다. 전문가 수준으로 사진을 찍어야 하는 것은 아니지만, 어느 정도 퀄리티가 높은 사진은 깔끔한 느낌을 줄 수 있다. 좋은 사진을 찍는 데 큰 노력이 필요하지도 않다. 예를 들어 집에서 사진을 찍을 때 배경이 깔끔하지 않다면 배경지를 활용할 수 있다. 배경지는 일반 오픈마켓에서 쉽게 구입할 수 있다. 시중에는 깔끔한 단색 배경지부터 꽃무늬, 대리석 무늬 등이 있는 배경지까지 다양한 종류가 있으므로 내 블로그 이미지에 맞는 배경지를 구입해서 사용하면 된다. 크게 부담 가는 가격이 아니므로 단색 배경지, 무늬 배경지 등 종류별로 구입해놓으면 좀 더 고급스러운 사진을 찍을 수 있다.

또 날씨가 좋은 날이라면 제품을 촬영할 때 하늘을 배경으로 찍으면 좋다. 파란 하늘이 배경 역할을 대신해준다. 날씨가 좋지 않다면 집 안의 공간을 활용해보자. 대부분의 블로거가 배경으로 가장 자주 사용하는 곳은 거실의 깔끔한 커튼이다. 스마트폰에 있는 기본 필터를 이용해서 촬영해도 좋다. 하지만 필터를 사용할 경우 원본 사진보다 화질이 떨어질 수 있으므로 고화질의 사진이 필요할 때는 촬영 조명의 일종인 링라이트를 활용하면 환하고 밝은 사진을 찍을 수 있다. 링라이트는 다이소에 가면 5,000원 정도에 구입할 수 있다. 다이소에는 그 외에도 소품으로 활용할 것들이 많이 있는데, 만약 아기자기한 것을 좋아하고 사진 찍는 것에 흥미가 있다면 조화나 원목 도마 같은 소품을 구입해서 함께 이용해보자.

포스팅의 퀄리티를 높이는
디테일 관리 노하우

맞춤법 확인은
기본 중의 기본이다

나는 처음 블로그 운영을 시작했을 때는 맞춤법이나 비문 등은 크게 중요하게 여기지 않았다. 그보다는 글에서 제공하는 정보가 중요했기에 내가 말하고자 하는 것을 상대방에게 명확하게 전달하는 것이 더 중요하다고 여겼다. 그러나 가끔 다른 사람의 블로그를 보다 보면 문맥을 끊어버릴 정도로 눈을 찌푸리게 하는 오탈자가 많거나 맞춤법이 틀린 포스팅을 만날 때가 있다.

만약 내 포스팅이 정보 제공을 목적으로 하는 글이라면 기본적인 맞춤법은 글을 읽는 사람에게 더 큰 신뢰감을 심어줄 것이다. 나도 이제는 포스팅 시에 실수로 오타를 내거나 내가 모르는 단어가 있을지 모르기에 글을 작성한 다음에는 퇴고 과정에서 최소한의 맞춤법 검사를 반드시 진행한다. 블로그는 자체적으로 맞춤법 검사 기능을 제공해주기에 글을 완성한 상태에서 버튼을 클릭해서 네이버가 교정해주는 단어를 살펴보면 된다.

다만 네이버가 100% 정확한 것은 아니므로 무턱대고 전체 고침 버튼을 클릭하면 안 된다. 사회적으로 통용되는 은어나 줄임말 등은 맞춤법 검사기가 잘 판단하지 못하기 때문이다. 그래서 교정이 필요하다고 체크해준 것들을 하나씩 보면서 내가 직접 판단해서 수정해야 한다. 그래도 일반적인 오탈자나 헷갈리는 맞춤법은 검사기를 통해서 바로잡을 수 있다.

TIP **맞춤법을 꼼꼼하게 확인하고 싶다면**

맞춤법의 정확도를 조금 더 올리고 싶다면 부산대학교에서 개발 및 제공하는 맞춤법 검사기www.speller.cs.pusan.ac.kr 를 활용하면 좋다. 현재 나와 있는 맞춤법 검사기 중에서 가장 높은 수준의 맞춤법 검사기다.

<부산대 맞춤법 검사기 화면>

출처: 부산대학교 맞춤법 검사기

포스팅 반영 여부는
어떻게 확인할까

작성한 포스팅이 검색엔진에 반영되는 시간은 블로그마다 차이가 있다. 내 블로그 포스팅은 빠르면 30분, 늦어도 2시간 안에는 순위가 반영되어 검색 결과에 나온다. 하지만 가끔 2시간이 넘어서야 제대로 반영되는 경우도 있다. 그래서 나는 한번 포스팅하면 2시간 후에 순위를 확인하는 편이다.

2시간이 지나고 나면 대체로 큰 순위 변동은 없지만, 종종 한두 단계의 작은 순위 변동이 있을 때가 있다. 간혹 블로그 방문자들의 평균 체류 시간이 증가하거나 포스팅에 대한 반응이 좋으면 그 이후에도 순위가 올라간 경험을 한 적은 있으나, 그래도 대부분 2시간이면 반영이 완료된다.

한때 네이버는 이제 막 개설했거나 시작한 지 얼마 안 된 블로그는 거의 3일, 즉 72시간 동안 순위 노출을 제한한 적도 있었다. 게다가 방금 언급한 것처럼 블로그마다 검색엔진에 완전히 반영되기까지 걸리는 시간은 조금씩 다르다. 따라서 내 블로그에 글을 포스팅하고 나면 내가 주제로 삼은 키워드를 검색해서 내 글이 언제 반영되고, 어느 정도 위치인지 관심을 두고 주의 깊게 살펴보는 과정이 필요하다.

혹시 글을 포스팅한 지 꽤 오랜 시간이 지났음에도 검색 시에 찾아볼 수 없다면 검색에서 누락되었는지 확인해보자. 누락 여부를 확인하는 방법은 간단하다. 네이버 검색창에 "○○" 식으로 큰따옴표를 이용해서 검색하면 된다. 큰따옴표는 검색어가 정확하게 일치하는 글을 찾아달라는 명령 기호다.

만약 '육아맘의 수익형 블로그'라는 제목의 글을 작성했다면 네이버 검색창에 "육아맘의 수익형 블로그"라고 검색해보자. 만약 내글이 보이는데 순위에 오르지 않았다면 누락된 것이 아니라 노출에 실패한 것이다. 반대로 큰따옴표를 이용했는데도 글이 보이지 않는다면 누락된 것이니 고객센터에 문의하면 다시 반영할 수 있다.

노출에 실패하면 검색 시 통합 검색창이나 뷰 탭에 나오지 않고 블로그 탭을 눌러야만 내 글이 보인다. 또는 블로그 탭이나 뷰 탭이 아니라 아예 웹사이트 영역에서만 보이기도 한다. 이 경우는 검색 시 누락이 아니라 어떤 특정 이유로 인해 노출에 실패한 것이므로 고객센터에 문의해도 해결 방법이 없다. 네이버는 포털 사이트 특성상 검색창에 키워드를 넣고 검색 시 통합 검색이나 뷰 탭을 먼저 보여주므로 글이 블로그 탭이나 웹사이트 영역으로 빠져버리면 조회수가 거의 나오지 않는다.

포스팅 노출 실패의 정확한 이유는 알 수 없으나 그간의 경험을 토대로 추측해보자면 뷰 탭은 사용자가 직접 경험하고 독창적이며 정확하고 신뢰가 가는 문서 위주로 노출해주므로, 포스팅 노출이 실패했다면 해당 포스팅의 이미지나 링크가 광고 색이 짙거나 특정 키워드가 반복 사용되었다든지 등 네이버의 기준에 맞지 않는 문제가 있을 가능성이 크다.

포스팅 발행 시각은
언제가 좋을까

블로그를 시작한 지 얼마 되지 않은 초보 블로거라면 여러 가지 부분이 신경 쓰이기 마련이다. 한번은 초보 블로거에게 포스팅 발행 시각도 상위 노출이나 블로그가 성장하는 데 영향을 미치느냐는 질문을 받은 적이 있다. 그전까지 포스팅 발행 시각에 대해서는 딱히 생각해본 적이 없던 터라 선뜻 답변하지 못했다.

나는 그동안 포스팅 발행 시각에 대해 크게 고민하지 않았다. 단순히 내 생활양식에 맞춰 아이를 재운 후 밤 12시에 글을 포스팅하고 하루를 마무리했기 때문이다. 포스팅 발행 시각으로 인해 조회수가 줄어들거나 노출이 잘 안 된다는 느낌을 받지는 못했다.

하지만 지금은 생각이 약간 바뀌었다. 이제 나는 주로 오전 10시에 글을 포스팅한다. 만약 사정이 생겨서 그 시각에 직접 포스팅하지 못한다면 10시에 자동으로 포스팅되도록 예약을 걸어놓는다. 이유는 간단하다. 내 글이 노출되는 시간과 이웃들이 활동하는 시간을 고려해봤을 때, 오전 10시에 포스팅하는 것이 좋다는 결론을 내린 것이다.

앞서 말한 것처럼 내 글은 보통 2시간 후에 노출된다. 따라서 오전 10시에는 글을 올려야 점심시간쯤에 사람들에게 노출될 수 있다. 그리고 그 2시간 사이에 이웃들이 글을 보고 댓글이나 체류 시간 등을 올려준다면 상위 노출에 긍정적인 영향을 미치리라고 생각한다. 그렇다고 해서 품앗이를 해야 한다는 것은 아니다. 뭐든지 트래픽 발생은 자연스러워야 뒤탈이 없다. 어쨌든 꼭 오전 10시에 올려야 하는 것은 아니지만, 여러 사항을 고려해보니 사람들이 활동하지 않는 새벽 시간대는 피해야 한다는 것이 내 개인적인 생각이다. 이웃이 없더라도 마찬가지다. 이웃이 없다면 노출된 글의 반응을 보고 성공적인 포스팅인지를 판단해야 하는데, 새벽에는 활동하는 사람이 많이 없어서 글의 완성도와 상관없이 좋은 반응을 얻기 힘들다. 이제 내 포스팅은 항상 오전 10시부터 11시 사이에 발행된다.

글자 수는
어느 정도가 적당할까

글자 수 자체가 상위 노출에 영향을 미치는 것은 아니다. 하지만 글의 길이가 너무 길거나 짧으면 좋지 않다. 글이 길어지면 많은 내용이 들어가므로 말하고자 하는 요점이 명확해지지 않는다. 반대로 글이 너무 짧으면 내용이 너무 빈약한 상태로 글이 마무리되어 정보를 충분하게 제공할 수 없다. 따라서 글자 수는 스스로 어느 정도 감을 잡을 수 있을 때까지는 작성할 때마다 직접 세어보는 것을 추천한다. 다시 한번 말하자면, 글자 수의 많고 적음이 상위 노출과 직접 관련이 있는 것은 아니지만, 주제에 알맞은 내용이 충분하게 들어가는 것은 상위 노출의 필수 조건이라고 볼 수 있다.

보통 체험단이나 마케팅 업체에서 가이드라인으로 주는 글자 수는 1,500~2,000자다. 이 정도면 충분한 내용이 들어간다고 생각하는 것이다. 나 역시 글을 쓰다 보면 보통 1,000~2,500자 사이에서 글이 마무리된다. 한번은 많은 내용을 담고자 8,000자 정도의 글을 쓴 적이 있다. 일부러 많이 쓰려고 의도한 것은 아니었지만, 내가 알고 있는 내용을 모두 다 담으려고 욕심을 부리다 보니 약 8,000자나 되었다. 그만큼 필요한 정보를 모두 넣은 좋은 글을 썼다고 자부했지만, 결과적으로는 상위 노출에 실패했다. 왜 그랬을까? 너무 많은 내용이 포함되어 있다 보니 이 글이 말하고자 하는 주제를 검색엔진에 제대로 전달하지 못한 것이다. 검색자에게는 어떨까? 8,000자나 되는 글을 처음부터 끝까지 읽는 사람이 과연 있기나 할까?

이렇게 쓰고자 하는 이야기가 많은 경우에는 몇 가지 내용으로 분리해서 포스팅하는 것이 좋다. 글자 수는 원고를 모두 작성한 다음에 네이버의 글자 수 세기 기능을 이용하면 확인할 수 있다. 검색창에 '글자 수 세기'라는 키워드로 검색하면 창이 나온다. 그곳에 내가 작성한 글을 전체 선택(Ctrl+A)하고 복사(Ctrl+C) 및 붙여넣기(Ctrl+V) 기능으로 넣어서 보면 간단하게 확인할 수 있다. 우리가 말하는 글자 수는 보통 공백을 제외한 값이 기준이다.

하지만 이러니저러니 해도 가장 중요한 것은 검색하는 사람이 원하는 글을 포스팅하는 것이다. 이는 네이버라는 검색엔진이 궁극적으로 지향하는 목표이기도 하다. 어떤 키워드를 검색해서 내 블로그에 들어온 사람이 있다고 하자. 그 사람의 갈증을 충분히 해소해줄 수 있을 정도의 내용이 들어있지 않다면 그 사람은 빠르게 스크롤을 내리고 다음 글로 넘어간 것이다. 애견 미용 비용이 궁금해서 검색을 통해 어떤 블로그에 들어갔는데 반려견 자랑과 반려견과 함께한 일상 사진만 잔뜩 늘어놓은 포스팅만 있다면 그것은 별로 좋은 문서가 아닐 것이다. 웬만하면 내 글에서 검색자가 원하는 정보를 모두 찾을 수 있도록 하는 것이 좋다. 그래야 체류 시간도 길어지고 이탈률도 낮출 수 있다.

수준 높은 포스팅을 위해 알아두면 좋은 기능

글 편집기 기능으로
시각 효과를 더하자

네이버 블로그에서 기본적으로 제공하는 글 편집기 기능만으로도 어느 정도 글을 꾸밀 수 있다. 글자 색 바꾸기, 진하게 하기, 특수문자와 링크도 삽입할 수 있다. 그중에서도 인용구와 구분 선은 많은 블로거가 사용하는 기능이다.

블로그의 인용구 기능은 반드시 남의 말을 인용해야 할 때만 쓰는 것이 아니다. 인용구 기능을 이용하면 해당 부분을 눈에 띄게 해 특정 문장을 강조하거나 소제목으로 활용할 수도 있다. 구분 선 기능은 글의 가독성을 높이고 문단을 편리하게 나눌 수 있다. 가독성이 좋은 글은 읽는 사람이 좀 더 편하게 글을 읽고 내용을 명확하게 파악하는 데 도움을 준다.

간단한 표도 편집기를 통해 만들 수 있다. 하지만 네이버에서 지원하는 표 만들기 기능을 이용하면 컴퓨터와 모바일에서 일정한 크기로 보이지 않고, 만드는 데도 한계가 있다. 만약 표의 구성이 복잡하거나 다양한 내용이 들어가는 표라면 엑셀을 활용해 표를 만든 후 다음 팁 박스에서 다루는 것처럼 그림으로 붙여 넣는 것이 깔끔하고 편리하다.

또한 글 편집기에서는 글자 크기도 조정할 수 있다. 기본 글자 크기는 15포인트로 설정되어 있지만 15포인트는 스마트폰에서는 비교적 작게 보이므로 기본보다 약간 큰 사이즈인 16포인트로 글을 작성하는 것을 추천한다. 가끔 19포인트 정도를 사용하는 사람이 있는데, 이럴 때는 스마트폰에서는 잘 보이지만 컴퓨터로 글을 봤을 때는 약간 부담스러운 느낌을 줄 수 있으니 가독성을 고려해 글자 크기에도 신경 쓰는 것이 좋다.

그 외에도 중요한 부분에는 밑줄, 기울이기, 굵기 적용 기능을 활용하거나 색을 바꿀 수도 있고, 글자 배경색 지정을 통해 형광펜으로 강조한 듯한 느낌을 주는 것도 가능하다.

TIP 쉽게 표 넣기

엑셀에서 만든 표를 마우스로 드래그하고 복사 기능을 이용해 복사한 후 PC 버전의 카카오톡으로 나에게 보내면 그림 파일이 된다. PC 카카오톡에서 해당 그림을 마우스로 우클릭하면 복사가 가능한데, 이렇게 복사한 그림을 다시 컴퓨터용 블로그 글쓰기 화면에 붙여 넣으면 별도로 그림을 캡처하거나 저장할 필요 없이 깔끔한 형태의 표가 삽입된다.

<카카오톡을 활용한 표 작업 예시>

출처: 저자 카카오톡 및 엑셀

직접 다녀온 장소는
지도 기능을 활용해보자

어려운 기능은 아니지만, 초보 블로거들이 미처 생각하지 못하는 것 중의 하나가 지도 기능이다. 내가 어딘가에 직접 다녀온 것을 바탕으로 글을 작성할 때는 블로그 에디터에서 지원하는 지도 삽입 기능을 활용하면 네이버 플레이스 검색 결과에서 내 글을 추가로 노출할 수 있다.

예를 들어서 나는 최근에 ○○가게라는 수제버거 가게에 다녀왔다. 이를 바탕으로 해당 수제버거 가게에 대한 리뷰를 작성하고 지도를 삽입해 그 가게와 연결하는 포스팅을 작성하면 '○○수세버서'라는 키워드보다 네이버 플레이스 기능을 통해서 들어온 방문자가 더 많을 수도 있다.

네이버 플레이스는 우리가 특정 식당이나 카페 등의 장소를 검색했을 때 해당 장소를 지도상에 표시해주는 네이버의 기능이다. 검색 결과로 지도에 표시된 해당 장소를 클릭하면 메뉴, 영수증 리뷰 등의 기본 정보를 먼저 보여주고 하단에 관련 블로그 리뷰를 노출해준다. 이처럼 장소로 표시할 수 있는 식당, 카페, 호텔, 펜션 등은 생각보다 네이버 플레이스를 통해 블로그로 유입되는 사람이 많다.

예시에서 사람들이 ○○수제버거 후기를 보기 위해 내 블로그로 들어오게 되는 경로는 간단하다. 점심 메뉴를 고르기 위해 근처의 식당을 검색했더니 ○○수제버거라는 곳이 지도에 나왔다. 혹은 평소에 ○○수제버거를 눈여겨보다가 오늘 검색했다. 지도에 표시된 가게를 클릭해보니 먹음직스러워 보였지만, 식당에서 올려놓은 사진에 속고 싶지 않아 후기를 보기 위해 연결된 블로그 리뷰 몇 편을 읽어봤다.

이것이 바로 네이버 플레이스 기능을 통해 블로그에 유입되는 경로다. 여러분도 이런 일련의 행동들이 낯설지 않을 텐데, 우리가 자주 하는 일이기 때문이다. 이처럼 블로그 포스팅은 생각보다 지도를 통한 유입이 많으므로 어떤 장소를 다녀왔다면 잊지 말고 지도 기능을 활용해보도록 하자.

<네이버 플레이스 지도 기능 활용 예시>

출처: 네이버 플레이스

글감 기능을 활용해서
추가 유입을 만들자

앞서 이미지 부분에서 이미 글감 기능에 관해 다루었다. 글감 기능을 활용하면 앞에서 언급한 이미지뿐만 아니라 책, TV, 공연·전시, 음악 등의 다양한 내용을 간단하게 본문에 넣을 수 있다. 내가 읽은 어떤 책이나 TV, 공연 등을 리뷰하고 싶다면 반드시 본문에 글감을 넣어주자. 글감을 넣으면 글을 포스팅할 때 '네이버 서비스로 글 보내기'라는 항목의 체크 박스가 나타난다.

만약 내가 어떤 책을 읽고 관련 리뷰를 할 경우, 네이버 서비스로 글 보내기를 선택하고 글을 포스팅하면 네이버에서 제공하는 책 섹션과 연결된다. 책 섹션은 모든 책에 해당하는 것은 아니지만, 유명 도서이거나 신간의 경우 종종 노출되는 편이다. 이 경우 누군가가 해당 책을 검색하면 연관 리뷰로 내 블로그와 포스팅이 보일 수 있다. 즉 책 구입을 목적으로 해당 책을 검색하는 사람들은 네이버 책 검색 서비스를 통해 후기를 보다가 내 블로그로 유입될 수 있다. 책뿐만이 아니다. 다양한 콘텐츠를 리뷰할 때 네이버에서 제공하는 글감이 있다면 빼놓지 말고 활용해보자.

<책 리뷰 글감 기능 활용 예시>

출처: 네이버

성공적인 운영을 위한
블로그 관리 방법

블로그의 성장은
성실성에 달려있다

내가 블로그 운영을 이야기하면서 꾸준함을 계속 강조하는 것은 한 가지 이유 때문이다. 처음부터 누구나 파워블로거로 시작하기는 어렵다. 즉 대부분 블로그를 운영하면 조회 수나 수익이 어느 정도 날 때까지는 무조건 버텨야 한다. "블로그를 시작하자마자 한 달 만에 얼마를 벌었다" "블로그로 일확천금을 벌었다"라는 이야기는 일반인과는 거리가 먼 이야기다. 게다가 분명하게 이야기하지만, 나는 블로거를 전업으로 삼고 블로그 운영에 여러분의 모든 열정과 시간을 쏟아부으라고 하는 것이 아니다. 블로그를 통해 억 단위로 돈을 버는 방법은 나도 알지 못하기 때문에 알려줄 수가 없다. 하지만 소소하게 몇십만 원부터 100만~200만 원 정도의 수익은 개인의 노력 여하에 따라 충분히 실현 가능하다.

나 역시 블로그를 시작하고 1년이란 시간이 지날 때쯤에야 안정적인 수익을 확보할 수 있었다. 물론 혼자 열심히 공부해서 이뤄낸 것이므로 블로그에 대한 가이드나 궁금증을 해소해주는 스승과 같은 존재가 있었다면 조금 더 빨리 도달할 수 있었을 거라는 생각이 든다. 만약 한 달 동안 매일 포스팅을 하다가 쉽게 지쳐서 '이 길은 내 길이 아니구나!' 하고 포기할 바에는 차라리 매일 포스팅하지 말고 이틀에 한 번만 하는 것이 좋다. 한 편의 글을 쓸 때 온종일 걸린다면 완벽을 추구하지 말고 마음을 조금 내려놔 보자. 초보 블로거는 블로그를 조금씩 키워서 네이버가 내 블로그의 존재를 인식하게 만드는 것이 중요하다. 글의 퀄리티는 시일이 조금 더 지난 후에 고려해도 괜찮다. 누구에게나 왕초보 시절은 있기 마련이다.

포스팅을 오랫동안 중단하면
어떻게 될까

나는 블로그 운영을 시작한 후로는 하루도 운영을 방치한 적이 없다. 주말과 공휴일 정도는 쉬었지만, 그것은 나만의 운영 원칙에 따른 것이었기에 방치는 아니었다. 하지만 둘째 아이를 임신한 후에 심한 입덧으로 회사에 출근하는 것조차 고통스러웠던 기간이 있었다. 당시 원고료를 받고 의뢰받은 포스팅이 많이 있었지만, 그 정도도 소화할 수 없을 정도로 몸이 아팠다. 결국 블로그 운영을 중단하기에 이르렀고, 1~2주 동안 글을 3편도 못 썼다. 과연 어떻게 되었을까? 그전까지 내 블로그는 일일 방문자 수가 약 1만 명 정도였다. 하지만 글을 쓰지 않았더니 조회 수가 쭉쭉 떨어지기 시작했다. 하루 이틀은 눈에 보이지 않았지만, 1~2주가 지나니 떨어지는 방문자 수가 눈에 보일 정도였다.

방문자 수가 떨어진 정확한 이유는 무엇일까? 구글과 달리 네이버는 최신 글을 우대하는 경향이 있다. 따라서 아무리 잘 쓴 포스팅이라 해도 오래된 포스팅이라면 자연스럽게 뒤로 밀리게 된다. 이런 이유로 글을 쓰지 않은 기간 사이에 예전에 작성했던 글이 계속 뒤로 밀리게 되어서 노출이 되지 않아 조회 수가 떨어진 것이다. 그러나 이를 반대로 이야기하자면 최신 글이 없어서 조회 수가 잠시 떨어진 것뿐이고 내가 다시 지속해서 활동하면 금방 원상태로 복구할 수 있다는 뜻이 된다. 나도 시간이 지나서 입덧이 끝나고 예전과 같은 페이스로 글을 포스팅했더니 다시 한두 달 사이에 예전의 방문자 수를 복구했다.

이로써 내가 알게 된 것이 한 가지 있다. 네이버 측은 블로그마다 점수를 매겨놓았으며, 블로그 활동을 중단한다고 해서 그 점수가 한순간에 뚝 떨어지는 것은 아니라는 것이다. 블로거들 사이에서는 그 점수를 '블로그 지수'라고 표현하고 있다. 네이버는 블로그에 지수가 있다는 것을 부인하지만, 블로거들은 그와 비슷한 개념이 존재한다는 것을 모두 알고 있다. 이런 이유로 피치 못할 사정으로 인해 블로그 운영을 중단하더라도 다시 복귀하면 얼마든지 기존의 수준으로

끌어올릴 수 있다. 따라서 너무 힘이 들면 포스팅 횟수를 줄이면서 조금 쉬어가도 괜찮다. 중요한 것은 아예 손에서 놓지 않는 것이다.

나에게 맞는 장비는
피로도를 줄여준다

키보드로 1,500자 내외의 글을 쓰는 것은 생각보다 힘든 일이다. 하지만 익숙해지면 어디 1,500자만 쓰겠는가? 블로그 운영에 속도가 붙으면 아이디어가 생각날 때마다 내일 포스팅을 미리 하겠노라며 5,000자도 술술 쓸 수 있게 될 것이다. 이처럼 글쓰기가 익숙해지면 많은 양을 빠르게 써 내려가게 되어 손의 피로도가 커진다. 만약 여러분의 본업이 온종일 키보드와 마우스를 잡고 씨름하는 사무직이라면 더욱 그렇다. 따라서 나는 블로그 포스팅용으로 손가락에 무리가 덜한 키보드를 사서 쓸 것을 추천한다.

블로그를 운영하기 위해서 가장 필요한 장비를 하나 뽑자면 나는 단연 키보드라고 말하고 싶다. 카메라라고 말하는 사람도 있지만, 요즘 사진 촬영은 스마트폰 카메라로 충분하다. 유튜브 영상도 스마트폰 카메라로 찍는 시대가 아닌가? 컴퓨터 역시 사양은 좋지 않아도 되고 모니터도 작아도 된다. 하지만 적어도 키보드만큼은 나에게 맞는 제품을 하나 사서 오래 쓰는 것이 좋다.

한편 요즘은 앱을 이용해 블로그를 하는 사람도 종종 있다. 세세한 포스팅과 섬네일, 사진 편집 등 여러 가지 방면에서 불편한 부분이 있어서 나는 추천하지 않지만, 여러분이 스마트폰으로 블로그를 운영할 수밖에 없다면 당연히 앱으로 블로그를 운영해야 한다. 나 역시 신생아를 키울 때는 컴퓨터 앞에 앉을 시간이 없어서 아기를 안은 채로 앱을 이용해 글을 썼다. 그래도 만약 내가 그 시절로 다시 돌아간다면 블루투스 키보드를 하나 사서 편하게 타이핑하거나 음성인식 기능을 최대한 활용해서 포스팅 시의 피로도를 줄였을 것이다. 다만 음성인식의 경우 예전보다 기능이 많이 발전했지만, 그래도 여전히 오탈자가 많이 생기므로 포스팅 전에 반드시 한 번은 확인 및 퇴고 과정을 거치는 것이 좋다.

포스팅 작성 시간은 피로도와 직결된다

블로그 포스팅을 할 때, 하고 싶어서 자연스럽게 하는 것이 아니라 '아, 오늘 포스팅해야 하는데…'라고 생각하면 취미가 아닌 일처럼 느껴지게 된다. 블로거라는 N잡은 즐거운 마음으로 운영하면서 수익도 볼 수 있는 그런 취미생활이 되어야 하는데, 이것이 도리어 내 생활을 압박해서는 안 된다. 진정한 취미생활이 되기 위해서는 글쓰기 실력을 빨리 늘리는 것이 좋다. 앞에서도 언급했지만, 글쓰기는 쓰면 쓸수록 는다. 특히 블로그처럼 어떤 제약도 없는 자유로운 글쓰기라면 더욱더 그렇다.

정보를 제공하는 글을 작성할 때는 뉴스와 구글 검색을 활용하면 좋다. 네이버는 글의 최신성을 중요하게 평가하므로 아무리 정리를 잘하고 좋은 글이더라도 오래되면 뒤로 밀리게 설정해놓았다. 반면에 구글은 잘 작성한 문서라고 판단하면 아무리 오래되어도 상위에 노출해주는 경우가 많아 양질의 문서를 찾기 쉽다. 다만 이 경우에는 정보의 업데이트가 부족할 수 있으므로 수시로 관련 뉴스를 검색해서 정보의 최신성을 갖춰주면 좋다.

이렇게 글을 쓰는 연습을 통해 한 편의 포스팅을 작성하는 시간이 30분에서 1시간 내외가 되면 글을 쓰는 데 많은 시간이 들어가지 않게 되어 블로그를 운영하는 것이 크게 부담스럽지 않다. 심지어 다음 주 내내 개인적인 일이 있어서 포스팅하기 어렵다면 3~4편 정도의 글을 주말에 미리 작성해놓고 예약 발행하는 여유를 부릴 수도 있다. 나도 회사에 다니면서 블로그를 운영했는데, 쉬는 시간이나 점심시간에 글을 다 작성해놓고 나중에 사진만 찍어서 보완하는 방식을 썼다. 블로그용 글을 쓸 때는 너무 힘을 주지 말고 편안하게 많이, 자주 써서 하루빨리 익숙해지는 것이 좋다.

3장

수익형 블로거로
N잡러의 꿈을 이루다

원활한 블로거 생활을 위해
알아두면 좋은 정보

네이버와 마케팅 업체
관계 알아두기

우리는 네이버가 제공하는 플랫폼을 이용하는 사용자다. 그러므로 되도록 네이버가 싫어하는 행동은 하지 않는 것이 좋다. 물론 네이버가 막무가내로 이것저것 하지 말라고 강제하지는 않는다. 다만 네이버는 원칙적으로 더 편리하고 원하는 것을 잘 찾아주는 검색엔진으로 거듭나기 위해 검색하는 검색자 입장에서 로직을 업데이트한다는 사실에 유의하자. 즉 검색자가 검색했을 때 나오는 내용들이 유용하지 않다고 여겨지면 일정 조치를 취하기도 하고, 불법적인 글이 올라오는 것을 막기도 한다.

따라서 기본적으로 마케팅을 하는 사람들은 네이버가 싫어하는 행동을 할 수밖에 없다. 검색자는 특정 주제나 제품과 관련된 진실된 후기를 보고 싶어 하므로 네이버 역시 검색자가 보고 싶어 하는 검색 결과를 보여주려고 한다. 하지만 마케팅 업체나 의뢰를 받은 사람, 즉 마케팅을 하는 사람은 블로그 등을 이용해 자신의 상품을 소개하거나 광고하고 싶어서 어떻게든 본인의 상품이 검색 결과에 노출되기를 원한다. 이런 문제로 네이버에는 여전히 광고가 넘쳐난다. 그래서 정말 필요한 정보를 얻기 위해 구글에서 검색하는 사람들이 점점 늘어나고 있다.

하지만 네이버는 여전히 우리나라 검색 포털 사이트 중에서 부동의 1위로 그 위상이 굳건하다. 또한 구글의 장점을 따라가는 형식의 업데이트를 통해 검색 로직도 꾸준히 개선하고 있어서 점점 더 사용자를 위한 검색 포털 사이트로 거듭날 것이므로 구글에 쉽사리 순위를 내어주지는 않으리라 생각한다.

법령에 따라 공정거래위원회(공정위) 문구 표기가 의무사항이 되기 전까지 네이버에 올라온 포스팅들은 광고인지, 진짜 후기인지 구별조차 어려웠다. 그래서 나온 유행어가 '내돈내산'이다. 넘쳐나는 광고 속에서 진짜 리뷰를 찾기 위한 검색자들의 몸부림인 것이다.

네이버는 좋은 창작자에게서 나온 좋은 문서를 선호한다. 좋은 창작자는 글을 직접 쓰는 '나'를 말하는 것이 아니라 내 글이 올라오는 '블로그' 자체다. 따라서 어느 정도 성장한 블로그라면 그 블로그에 다른 사람이 글을 쓰더라도 상위 노출이 잘 이뤄진다. 이를 악용해서 나타난 것이 "원고를 줄 테니 올려만 주면 돈을 주겠다"라는 마케팅 방식이다. 이 방식은 소위 원고 알바(아르바이트)라고 부르는데, 다음의 내용을 통해 좀 더 자세히 다뤄보고자 한다.

네이버가 싫어하는
문서의 종류

네이버가 싫어하는 행동은 여러 가지가 있다. 하나씩 살펴보면 다음과 같다. 첫 번째로, 공정위 문구를 명기하지 않은 상태에서 광고를 하거나 지나치게 많은 양의 대가성 리뷰를 썼을 경우다. 서비스나 원고료, 제품 협찬 등을 받아서 작성한 글인데도 광고라고 표기하지 않으면 로직의 판단이나 타 사용자의 신고를 통해 불이익을 받을 수 있다. 또한 지나치게 많은 대가성 리뷰는 그렇지 않은 순수한 글(해당 블로거가 직접 작성한 정보 글이나 체험한 글)에도 영향을 미칠 수 있다. 그러므로 블로그를 개설하자마자 체험단 활동에 뛰어드는 것은 당첨될 확률도 낮을뿐더러 여러 면에서 위험하다.

두 번째는 비정상적인 어뷰징^{abusing} 문서다. 비정상적인 어뷰징 문서란 기계가 생성한 듯한 느낌을 주는 문서, 본문 내에 흰색 폰트를 사용해 임의로 키워드를 숨겨놓은 문서, 제목과 키워드를 과도하게 반복한 문서, 배너로만 구성된 문서, 본인이 체험하지 않았는데 대가를 받고 원고를 올린 문서, 블로그 매매 또는 대여를 통해 올라온 문서를 말한다. 앞서 언급했던 "원고를 줄 테니 올려만 주면 돈을 주겠다"라는 마케팅 방식도 여기에 속한다. 이런 문서는 언젠가는 네이버 검색 로직에 걸리게 되어 있다.

마케팅 업체들은 블로거들에게 홍보용 원고 단순 업로드를 의뢰할 때 항상 새 사진, 새 원고를 강조한다. 결국 네이버 검색 로직에 어뷰징 문서로 걸리는 이유가 유사 문서라거나 이미 사용된 이미지 때문이라는 사실을 업체 측도 잘 알고 있기 때문이다. 업체 측에서 제공해주는 사진은 그들이 자체적으로 촬영했겠지만, 대부분 이미 어딘가에 쓰였을 것이고, 앞으로도 쓰일 가능성이 있다. 원고 역시 약간의 변형만 이뤄졌을 뿐이고 작성자가 같은 비슷한 문서가 또 다른 블로그에 올라가 있을 수도 있기에 아예 거들떠보지도 말아야 한다.

또한 네이버는 한 블로거가 갑자기 주제를 바꾸고 짧은 시간 안에 많은 문서를 생산하며 글을 작성하는 톤이 바뀌는 경우 어뷰징 행위로 인지할 수 있다고 했다. 기존에 사용된 이미지나 글을 이용해 작성한 문서는 업체로부터 받아서 올리기만 하더라도 유사 문서로 분류되어 내 블로그에 악영향을 미칠 수 있다. 심할 경우 그냥 악영향 정도가 아니라 재기 불능이 될 정도로 블로그가 망가질 수 있으니 처음부터 하지 않는 것이 좋다.

세 번째는 유해 문서다. 네이버는 유해 문서를 이렇게 정의한다. 음란성, 반사회성, 자살, 도박 등 법률을 통해 금지하는 불법적인 내용으로 이뤄진 문서이거나 불법 사이트 링크를 위해 작성한 문서, 사생활 침해 방지 또는 개인정보 보호, 저작권 보호 등을 위해 노출을 제한해야 하는 문서, 피싱phishing이나 악성 소프트웨어가 깔려있어서 사용자에게 피해를 줄 수 있는 문서다. 사행성을 조장하거나 「의료법」을 위반한 글도 이에 해당한다. 참고로 의료인이 아닌 사람은 절대로 의료 행위를 홍보해서는 안 된다. 그 자체가 불법이므로 대가를 받고 의료 기관에서 시술받은 후 리뷰를 남기는 일은 하지 말아야 할 것이다. 법적으로 허용되지 않는 시술을 체험했다든가 사행성과 도박을 조장하는 이야기, 그리고 불법 성인 게시물과 가짜 뉴스도 이에 속한다. 또한 남의 이미지를 가져다 쓰거나 원고를 베껴서쓸 때도 저작권 보호를 위해 노출이 제한될 수 있다.

이상의 세 가지 항목들은 평범하게 운영하는 블로그라면 전혀 걱정할 것이 없는 부분이지만, 의도하지 않더라도 실수를 저지르는 일이 종종 발생할 수도 있으므로 알아두는 것이 좋다.

네이버가 좋아하는 문서의 정의

그렇다면 네이버가 좋아하는 문서는 무엇일까? 네이버는 좋은 창작자에게서 나온 좋은 문서를 선호한다고 말한다. 좋은 문서는 사용자에게 유용한 정보를 주는 문서다.

네이버는 공식 블로그를 통해 다음과 같이 좋은 문서의 기준을 정의하고 있다.

네이버가 정의하는 좋은 문서의 기준
- 신뢰할 수 있는 정보를 기반으로 작성한 문서
- 물품이나 장소 등에 대해 본인이 직접 경험하고 작성한 리뷰 문서
- 다른 문서를 복사하거나 짜깁기하지 않고 독자적인 정보로서의 가치를 가진 문서

- 해당 주제에 대해 도움이 될 만한 충분한 길이의 정보와 분석 내용을 포함한 문서
- 읽는 사람이 북마크하고 싶고 친구에게 공유 및 추천하고 싶은 문서
- 네이버 랭킹 로직을 생각하며 작성한 것이 아니라 글을 읽는 사람을 생각하며 작성한 문서
- 글을 읽는 사용자가 쉽게 읽고 이해할 수 있게 작성한 문서

이상의 내용을 종합해보면 내가 실제로 경험하고 신뢰할 수 있는 충분한 정보가 들어간 문서가 좋은 문서다. 즉 검색자가 원하는 정보를 얻고 궁금증을 해소할 수 있는 직접 체험한 글이 좋은 문서다. 이런 글을 쓰는 것을 목표로 해서 블로그를 운영한다면 해당 블로그는 당연히 점점 성장할 수밖에 없다.

참고로 내가 2년 동안 블로그를 활발하게 운영하면서 가장 높은 인기를 얻은 포스팅은 2020년 3월에 작성해서 2021년 12월을 기준으로 약 27만 회의 조회 수를 기록 중인 '중소기업 청년 소득세 감면, 신청서 작성부터 경정청구까지'라는 글이다. 내가 실제로 경험한 내용을 바탕으로 소득세 감면 방법을 자세하게 설명한 리뷰인데, 1년이 훨씬 지났는데도 하루에 100명 이상이 조회하는 글이다.

그다음으로 인기를 얻은 포스팅은 10만~12만 회의 조회 수를 기록한 글로 '출산 휴가'와 관련된 글과 '코니 아기 띠 착용법'에 대한 글이다. 첫 번째 글은 출산 휴가와 관련된 경험담인데, 당시 우리 회사에서 내가 출산 휴가를 신청하는 첫 사례여서 직접 알아본 정보를 공유하고 신청 방법에 대해 자세하게 설명한 경험담이다. 두 번

째 글은 첫째가 신생아부터 11개월 차가 될 때까지 아기 띠를 사용한 기록을 모아서 작성한 글로, 해당 아기 띠를 사고자 정보를 검색한 많은 사람에게 유용한 정보를 제공했다.

이렇듯 내가 직접 경험한 제대로 된 정보를 공유하면 검색자의 반응이 좋아 네이버 검색 로직도 좋은 글로 판단한다. 이런 글은 작성한 지 1년이 지나도 여전히 상위에 노출된다.

추가로 알아두면 좋은 정보들

원활한 블로그 운영을 위해 네이버의 기준을 명확하게 알기 위해서는 네이버 서치 앤 테크 블로그www.blog.naver.com/naver_search를 이웃으로 추가해두면 네이버에서 공식적으로 업데이트하는 검색 기술의 변화 관련 정보를 얻을 수 있다.

이곳에서 나오는 네이버의 공식 입장 외에 다른 정보도 있다. 일명 카더라 통신인데 대부분 추측에 의한 이야기지만, 알아두면 좋은 정보도 있다. 일단 블로그 포스팅 시에 외부 링크는 지양하는 것이 좋다. 당연히 자기 플랫폼에서 트래픽이 빠져나가는 것을 좋아하는 사이트는 없을 것이다. 하지만 좀 더 자세한 설명을 위해서 사용하는 공공기관 홈페이지 링크나 출처를 밝히기 위해서 거는 외부 링크는 크게 문제가 되지 않는 것으로 알려져 있다. 문제가 되는 것은 바로 광고성 링크다. 포스팅마다 같은 쇼핑몰의 링크를 걸면 네이버가 광고라고 인식할 수 있다. 만약 단순히 제품을 설명하기 위해서 링크를 거는 것이라면 외부 쇼핑몰보다는 네이버에서 운영하는 스마트스토어에서 해당 제품을 찾아서 링크를 걸자. 그렇게 하면 사용자가 네이버 플랫폼을 벗어나는 것을 최소화할 수 있다.

또한 공식적으로 네이버는 문서의 수정을 반대하지 않는다. 오히려 오타조차 수정하지 않는 블로거들에게 안타깝다는 견해를 밝혔다. 결국 글 수정 시 특별히 불이익을 주지는 않는다는 것이 네이버의 입장이다. 하지만 네이버가 글을 수정한 블로그에 실제로 불이익을 준 사례가 분명히 있다는 것을 알아두는 것이 좋다. 물론 이 수정은 우리가 생각하는 단순 오타 수정이 아니라 상위 노출을 위한 의도적인 키워드 수정이자 어뷰징 행위였다. 기존에 마케팅 업자들이 상위 노출이 잘되는 좋은 글을 써서 노출시킨 후 제목을 수정해 본인이 원하는 키워드를 넣어 다시 노출시킨 것에 대한 불이익 사례였다. 따라서 오탈자 수정이나 특히 포스팅한 지 얼마 안 되어 노출되지 않은 문서를 수정하는 것은 크게 우려하지 않아도 된다. 다만 앞의 실사례를 생각해 제목의 키워드(내가 노출을 노리는 단어)를 바꿔가며 노출 정도를 확인하는 행위는 지양하는 것이 좋다. 나는 대표 이미지를 지정하는 것을 자꾸 잊어버려 자주 수정하는 편이다. 그런데도 수정으로 인해 불이익을 받았다고 생각할 만한 일은 여태까지 겪은 적이 없다.

한 가지 덧붙여서 말할 내용이 있다. 예전에는 마케팅 업체가 의뢰할 블로그의 품질을 파악하기 위해서 해당 블로그에 요구하는 사항이 있었다. '빨간모자루피 546548'처럼 이상한 제목과 숫자를 이용해 글을 올린 후 몇 번째에 위치하는지를 확인하는 지수 확인 행위가 그것이다. 이후 이런 글이 빈번하게 올라오자 네이버에서는 공식적으로 이런 행위를 하지 말라고 공지했다. 그 후로 이처럼 지수 확인을 요구하는 업체는 거의 사라졌지만, 혹시라도 이런 방식으로 지수 확인을 요청하는 마케팅 업체가 있다면 거래하지 않는 것이 좋다.

이미지 사용 시에도 주의해야 할 것이 있다. 글마다 같은 이미지를 반복해서 사용하거나 홍보를 위해 이미지 안에 전화번호를 넣어서 글마다 삽입하는 경우, 이미지에 반복된 캡션을 넣는 행위 모두 본인의 블로그에 좋지 못한 행동이다. 또한 불필요하거나 연관성이 없는 이미지를 삽입하는 것은 좋지 않다. 앞서 다룬 것처럼 이미지는 본인이 직접 촬영하고 본문의 내용과 관련이 있는 고화질 사진을 사용하는 것이 가장 좋다.

또 한 가지 카더라 통신에 따르면 네이버 블로그를 만들 때는 스팸 활동을 했거나 제재를 받은 전력이 있는 아이디는 사용하지 않는 것이 좋다고 한다. 이를테면 각종 지식인이나 카페 등에서 공지 사항을 어기고 홍보 활동을 해서 제재를 받았거나 대량으로 단체 메일을 보내 스팸으로 인식되는 아이디 등이 그런 아이디다. 반대로 카페나 지식인에서 정상적으로 오랫동안 활발하게 활동한 아이디는 블로그를 성장시키는 데 더 적합하다고 한다. 이 역시 블로거들 사이에서 은연중에 알려진 이야기지만, 공식화되지는 않았으므로 참고만 하자.

네이버 블로그는 로직에 따라 가산점을 받기도 하고 페널티를 받기도 한다. 내 블로그의 점수가 50점에서 시작한다고 가정해보자. 꾸준하게 양질의 포스팅을 하다 보면 가산점을 통해 점수가 조금씩 올라서 소위 '최적화 블로그'가 될 것이다. 반대로 네이버가 싫어하는 문서를 지속해서 포스팅하다 보면 점수가 깎이게 되고 일정 점수 이하로 내려가면 '저품질 블로그'가 되어 검색 시 노출되지 않을 수 있다. 여기서 말하는 '최적화 블로그'와 '저품질 블로그'라는 용어는 '네이버가 기준상 좋은 블로그로 판단해 포스팅 시 상위 노출이 잘되는 블로그'와 '좋지 않은 블로그'를 이르는 용어로 블로거들 사이에서 주로 사용하는 명칭이다. 네이버는 공식적으로 '저품질 블로그'라는 용어는 없고, 스팸 필터^{spam filter}를 적용한다고 밝힌 바 있다.

> **TIP** **알아두면 좋은 공정위**
> **「추천보증 등에 관한 표시광고 심사지침」**
>
> 공정위에서는 2020년 6월경에 소비자정책 부분을 통해 마케팅 업체로부터 대가를 받고 SNS에서 광고할 때는 '광고라고 밝힐 것'을 구체적으로 공지한 바가 있다. 그리고 이를 위해 「추천보증 등에 관한 표시광고 심사지침」이라는 지침을 확정해 2020년 9월 1일부터 시행하는 중이다. 이에 따라 광고를 위해 특정 글을 포스팅할 경우 해당 블로거와 업체의 경제적 이해관계를 소비자에게 공개해야 한다. 또한 그 문구를 누구나 쉽게 찾을 수 있도록 본문 내에 배치해야 하고, 문자 크기와 색을 적절하게 사용해 눈에 띌 수 있도록 해야 한다.

블로그 포스팅을 위한
제품 리뷰 작성법

사진을 먼저 찍고
글을 쓰는 경우

제품 리뷰를 쓰는 방법을 설명하고자 한다. 특정 제품의 리뷰를 쓸 때는 두 가지 방법이 있다. 첫 번째로 사진을 먼저 찍고 사진에 맞춰서 글을 쓰는 방법이 있고, 두 번째는 글을 먼저 쓰고 글에 맞춰서 사진을 찍는 방법이다. 처음부터 사진과 글을 동시에 넣으려 하면 복잡하므로 두 가지 방법 중에서 본인에게 맞는 한 가지를 택해서 시작하면 된다. 둘 다 리뷰를 완성한 뒤 모자란 부분을 찾아서 다시 채워 넣는 방식이다. 이 역시 익숙해지면 보완할 일이 많이 없어진다. 어떤 방법이든 자신에게 편한 것을 찾아서 나만의 글쓰기 방식을 만들면 된다. 나는 잘 아는 내용에 대해 글을 쓰거나 어떤 제품에 대한 가이드라인이 있다면 사진보다는 글을 먼저 쓰는 편이다.

일단 사진을 먼저 찍고 글을 쓰는 경우는 다음과 같다. 제품의 전반적인 사진, 상세 사진, 기능 사진, 사용하는 사진 등을 다양하게 찍는다. 제품을 리뷰할 때는 반드시 들어가야 하는 필수 사진들이 있으므로 가이드라인이 없어도 기본적인 사진은 얼마든지 촬영할 수 있다. 네이버 블로그 앱에 찍은 사진을 모두 올리고 임시로 저장한 후 컴퓨터를 켜서 저장된 사진들을 바탕으로 이야기를 구성해서 글을 써 내려가면 된다. 전체적인 사진에는 제품의 첫인상이 어떤지, 어디서 샀는지, 가격은 얼마였는지 등의 정보를 넣어주고, 상세 사진에는 세부 디자인에 관한 내용을 써준다. 기능을 나타내는 사진이나 직접 사용하는 사진에는 내가 실제로 사용하면서 어떤 부분이 좋고 나빴는지 등 제품의 장단점과 함께 이 제품의 편리한 기능 등을 소개하면 된다. 그리고 이 외의 사진에는 사람들이 궁금해할 만한 정보나 추가로 알아두면 좋은 내용을 쓴다.

예를 들어서 여름에 특정 선크림 제품을 리뷰한다고 가정해보자. 우선 글의 앞머리에는 요즘 날씨가 상당히 더워서 선크림 없이 외출하는 것이 부담스럽다는 이야기나 내가 매일 사용하는 제품에 관한 이야기, 또는 선크림 없이 외출했더니 얼굴이 많이 탔다는 등 해당 제품과 관련된 내용을 넌지시 써주면 된다. 또는 '서두만 잘 써도 쉽게 쓸 수 있다' 부분에서 언급했듯이 결론을 서두에 미리 적어주는 것도 읽는 사람의 궁금증을 자아내는 데 도움이 된다. 예를 들어서 "제품을 사용했는데 이런 효과를 봤다." 등 실제로 어떤 효과를 봤는지 구체적으로 이야기하겠다는 내용으로 시작하면 된다.

본론 부분에는 제품에 대한 상세 정보를 넣어준다. 선크림의 성분이나 제형, 발림성과 바르기 전과 후의 느낌 등 개인적인 의견을 정리해서 쓴다. 그리고 글의 말미에는 실제로 사용한 소감을 짤막하게 적어주면 된다. 이렇게 하면 다음과 같은 구성이 될 것이다.

사진을 바탕으로 하는 글쓰기 예시

- 서론: 내가 이 선크림을 사게 된 이유
- 본론: 제품에 대한 상세 내용과 사용법, 가격 등에 대한 구체적인 정보
- 결론: 제품에 대한 총평과 사용 시 만족스러웠던 점

맛집을 리뷰할 때도 사진을 먼저 올리는 것이 효율적이다. 내가 먹은 음식 사진을 다양하게 촬영하고 블로그에 임시로 저장해두면 나중에 시간이 생길 때 블로그에 접속해서 그 음식에 대한 리뷰를 작성해서 포스팅하는 데 30분도 걸리지 않는다.

글을 먼저 쓰고 사진을 찍는 경우

반대로 해당 제품을 아주 잘 파악하고 있거나 협찬으로 받은 제품이라 마케팅 업체에서 받은 가이드라인이 있다면 글을 먼저 쓰는 것이 편할 수 있다. 내용을 모두 쓴 후 그 내용에 맞게 사진을 촬영하면 되므로 어떤 부분을 부각해서 사진을 찍어야 할지에 대한 고민도

별로 하지 않게 된다. 글을 써 내려가면서 '이 부분에는 이런 사진을 넣으면 좋겠다'라는 생각을 자연스럽게 하게 되기 때문이다.

글의 초안을 작성하면서 사진이 필요한 부분에는 '선크림 바르는 사진' '선크림 발림성 테스트 영상'처럼 사진을 넣을 자리를 중간에 직접 표시해두면 나중에 잊지 않고 알맞은 사진을 넣을 수 있고, 찍은 사진을 배치하기에도 편하다. 사진을 삽입하는 과정은 앞의 과정과 동일하다. 컴퓨터에서 글을 먼저 작성하고 임시 저장을 누른 후에 블로그 앱을 통해 다시 그 글을 열고 찍은 사진을 한꺼번에 업로드한다. 저장한 후 다시 컴퓨터로 접속해서 사진을 배치하고 글을 다듬어준 후 포스팅하면 된다.

TIP **제품에 관해 어떤 이야기를 써야 할까**

제품 리뷰를 하면서 어떤 정보를 제공해야 할지 잘 모르겠다면, 해당 제품을 친구에게 추천한다고 생각해보자. 또는 내가 특정 제품을 살 때 어떤 것들을 고려해서 사는지 생각해보자. 그렇게 해도 딱히 아이디어가 떠오르지 않는다면 제품명을 검색해서 상위에 노출된 블로그 몇 곳을 들어가서 각각 어떤 항목에 관해서 이야기하는지 조목조목 살펴보자. 만약 그것이 선크림이라면 '가격' '발림성' '사용 효과' '장점' '구입처' 등을 다루고 있을 것이다. 물론 해당 내용은 참고만 해야 한다. 내용을 보고 베끼는 것은 금물이다.

제품 홍보,
어디까지가 마케팅인가

SNS 광고의 블루칩,
인플루언서가 되는 길

요즘 마케팅 업체나 관계자들이 공통으로 하는 말이 있다. 제품을 홍보하려면 인플루언서의 힘을 빌리지 않고서는 광고 효과를 보기 어렵다는 말이 그것이다. 그만큼 인플루언서의 영향력은 대단하다. 인플루언서의 파급력이 대단해진 만큼, 인스타그램의 유명 인플루언서나 유튜버에게 들어오는 광고 협찬은 상상을 초월한다. 이런 시대상에 맞춰서 네이버 블로그에도 인플루언서라는 제도가 생겼다. 네이버에서 유튜버와 인스타그램의 인플루언서를 자사의 블로그 플랫폼으로 데리고 오기 위해서 만든 것인데, 사실 아직은 유튜브와 인스타그램만큼 영향력이 크지 않다. 네이버라는 검색 포털 사이트의 속성상 네이버 인플루언서도 일반 블로거와 같이 검색을 통한 유입이 주를 이루기 때문이다.

그래도 네이버 인플루언서로 선정되면 다양한 혜택이 있으므로 블로그 운영을 시작할 때는 네이버 인플루언서를 목표로 삼는 것이 좋다. 초창기 네이버 인플루언서 제도는 명확하지 않은 선정 기준으로 인해 논란이 있었다. 게시글이 100개가 안 되는 사람이 네이버 인플루언서로 선정되기도 하고, 블로그 활동 자체를 거의 하지 않았는데도 인스타그램이나 유튜브에서 유명한 인물이면 선정되기도 했다. 그 이유는 네이버 인플루언서 제도의 탄생 배경에 타 플랫폼에 더 이상 이용자를 뺏기지 않으려는 네이버의 생존 전략이 깔려있었기 때문이다. 어쨌든 이처럼 한꺼번에 많은 인플루언서가 선정되자 네이버의 주제마다 인플루언서 숫자가 포화 상태에 이르게 되었고, 이후 추가로 선정되는 인플루언서는 극소수가 되었다.

나는 처음에는 네이버 인플루언서 제도에 관해서 가볍게 생각하고 넘겼으나 점점 인플루언서의 영역을 키워주려는 네이버의 의도를 파악하고 나자 신청하지 않은 것이 아쉬워졌다. 그래서 한 달 정도 블로그를 다시 정비하고 재도전해서 마침내 육아 주제 인플루언서에 선정되었다.

지금부터 블로그를 키우려는 사람들은 육아 분야처럼 포화 상태인 주제를 피하고 다른 주제로 꾸준히 블로그를 운영해 인플루언서를 목표로 할 것을 추천한다. 물론 블로그를 제대로 운영한다면 육아 인플루언서도 얼마든지 될 수 있다.

인플루언서가 되기 위해서는 한 가지 영역을 정해서 꾸준하게 글을 포스팅하는 것이 좋은데, 체험단과 같은 광고 글보다는 사람들에게 정말 필요한 정보나 대중들이 공감할 만한 나만의 독창적인 글을 쓰는 것이 좋다. 만약 블로그를 어느 정도 성장시켜서 인플루언서를 목표로 하고 있다면 적어도 100편 정도는 단일 주제로만 글을 포스팅해볼 것을 추천한다. 그리고 특정 주제 중에서도 세부 주제로 밀고 나가면 인플루언서에 선정될 확률이 높다. 이를테면 육아 블로그지만, 아기 이유식이란 세부 주제를 정해서 운영하는 것이다. 여기에서 더 나아가 프랑스 이유식처럼 아주 구체적인 주제라면 더 좋다. 남들이 많이 하지 않는 분야일수록 해당 분야의 인플루언서로 선정될 확률이 높다.

또한 인플루언서로 선정되기 위해서는 눈에 보이는 것도 중요하다. 즉 섬네일이나 카테고리 구성, 프롤로그 등을 수시로 점검해야 한다. 그리고 체험단이나 광고 글은 지양하는 것이 좋다. 둘 다 인플루언서로 선정된 후에는 마음껏 할 수 있으니 인플루언서를 목표로 하고 있다면 잠시 내려놓을 것을 권한다.

한편으로, 네이버 인플루언서만 참여할 수 있는 키워드 챌린지keyword challenge라는 영역이 있다. 키워드 챌린지는 검색자가 특정 키워드로 검색할 때 인플루언서들의 글이 가장 먼저 보이는 것이다. 그런데 이 부분 또한 인플루언서들끼리 치열하게 경쟁하므로 노출이 쉽지 않다. 게다가 인플루언서 지수는 블로그 지수와 별개로 계산된다는 이야기가 있을 정도로 다른 로직이 적용되고 있어서 두 마리 토끼를 다 잡기는 쉽지 않다. 그래서 인플루언서로 갓 선정된 블로거들은 사람들이 많이 검색하지 않는 경쟁이 적은 단어로 키워드 챌린지를 하기도 한다.

네이버는 2021년경에 키워드 챌린지 외에도 에어 서치^{AiRSearch}라는 기술을 도입했다. 에어 서치란 검색자가 '된장찌개'와 같은 막연한 키워드를 검색창에서 검색했을 때 검색자의 의도에 맞는 다양한 검색 결과를 보여주는 것이다. 쉽게 말해 유튜브에서 유행하는 "알고리즘이 나를 이 영상으로 이끌었다"라는 말처럼, 최대한 검색자의 숨은 의도에 맞는 키워드 관련 내용을 보여주는 기술이다. 이제는 통합 검색으로 된장찌개라는 키워드를 검색하면 검색 결과로 된장찌개와 관련된 인기 주제, 간단 된장찌개, 인플루언서 참여 콘텐츠, 다담 된장찌개의 순서로 검색 결과가 나온다. 각 콘텐츠 영역을 스마트블록이라고 한다. 검색자가 굳이 '된장찌개 맛있게 끓이는 법'이라고 직접 검색하지 않아도 네이버 측에서 검색자의 숨은 의도를 파악해 관련 내용을 알아서 결과로 노출해주는 것이다. 즉 된장찌개를 검색하는 대부분의 사람은 맛있게 끓이는 법에 대해 궁금해하리라고 인공지능이 판단해서 해당 검색 결과를 보여준다.

네이버는 에어 서치에도 인플루언서 참여 콘텐츠라는 섹션을 만들어서 인플루언서를 우대한다. 또한 업데이트를 통해 인플루언서가 된장찌개 팁이라는 키워드로 키워드 챌린지를 진행한다면 참여 버튼을 통해 자신의 글을 노출할 수 있게 되었다. 인플루언서 참여 콘텐츠 블록 외의 다른 블록에는 일반 블로그와 인플루언서의 블로그가 함께 노출되는데, 인플루언서가 참여 버튼을 통해 해당 블록에 노출을 요청하고 주제에 부합하는 글을 썼다면 일반 블로거보다 해당 주제 블록에 노출될 확률이 더 높다. 실제로 스마트 블록이 적용된 여러 키워드를 네이버에서 검색해보면 대부분 인플루언서의 글이 나오는 것을 확인할 수 있다.

사실 이 업데이트는 키워드만으로는 명확하게 자신의 글을 상위에 노출할 수 없게 만드는 업데이트였기에 대부분의 일반 블로거들이 불만을 토로했다. 물론 아직은 온습도계, 캠핑처럼 일부 키워드에만 해당하기는 하지만, 그래도 현재 전체 키워드의 10~15% 정도로 꽤 큰 부분을 차지하고 있다. 게다가 스마트블록에 적용되는 키워드들은 상대적으로 굵직하고 좋은 키워드라 일반 블로거들이 단순 키워드로 상위에 노출될 기회가 줄어든다. 이제 뷰 탭 자체가 통합 검색 시 노출되지 않으니 일반 블로거가 아무리 글을 잘 써도 통합 검색에서는 보기 힘든 경우가 생겼다. 따라서 마케팅 업체에서도 기존처럼 최적화 블로그를 통해 온습도계와 같은 단일 키워드로 특정 제품을 노출해서 광고 효과를 보기가 어려워졌다.

그렇다고 해서 네이버 인플루언서가 되지 못하면 아무것도 할 수 없는 것은 아니다. 나 역시 인플루언서가 아니었을 때도 목표로 삼았던 수익을 충분히 달성했다. 하지만 네이버 인플루언서가 되면 기존보다 할 수 있는 것이 더 많아진다는 사실은 틀림없다. 특히 네이버에서 자사의 인플루언서를 많이 밀어주는 만큼, 할 수 있다면 하는 것이 좋다. 물론 네이버 인플루언서를 목표로 하는 것은 좋지만, 선정되지 않았다고 해도 수익형 블로그를 운영하는 데는 지장이 없으니 크게 실망하지 말고 다양한 수익을 만드는 데 더 힘쓰자.

블로그 운영으로 알게 된
마케팅의 민낯

요즘은 제품의 광고 효과를 최대한 발휘하기 위해서는 인플루언서의 힘을 빌리거나 포털 사이트 검색 결과에서 해당 제품이 최대한 많이 나오도록 해야 한다. 예를 들어서 특정 프라이팬 제품을 마케팅한다고 가정해보자. 요리 분야의 유명 유튜버에게 해당 제품을 협찬하고 지원해주면 당연히 그 유튜버는 프라이팬을 사용할 것이고, 이를 본 시청자들은 제품에 대한 신뢰가 쌓일 것이다. 요리를 잘하는 사람이 사용하는 제품이니 좋을 것이라는 믿음이 생겨서 구입하는 것이다. 인스타그램도 마찬가지다. 팔로워가 많고 이미지가 좋은 인플루언서가 특정 프라이팬을 사용하는 모습을 보다 보면 나도 괜스레 갖고 싶은 욕구가 생긴다.

블로그를 통한 마케팅은 어떨까? 마케팅 업체에서 블로거를 선정해 해당 블로거들에게 프라이팬을 무료로 주거나 원고료를 주고 제품 리뷰를 포스팅해달라고 한다. 다만 유튜브나 인스타그램과 달리 블로그는 검색을 통해 제품을 홍보할 수 있도록 다양한 키워드를 요구한다. '프라이팬 추천' '코팅 프라이팬' '무쇠 프라이팬' '○○프라이팬' 등의 키워드로 검색했을 때 자사의 상품이 결과로 나오는 형태를 노리는 것이다.

광고는 생각보다 우리 일상 속에 깊숙하게 들어와 있다. 처음에는 그저 불쾌하고 어색했던 TV 프로그램의 PPL도 이제는 많은 사람이 관련 이해관계를 깨닫고 나서 PPL은 당연하다고 생각하는 수준에 이르렀다.

나는 블로그를 운영하면서 네이버 카페를 이용한 마케팅을 알게 되었다. 이런 마케팅은 해당 제품과 관련이 있는 카페에 추천 글이나 댓글을 쓰는 형태의 광고로, 협찬이 아니라 실제로 사용한 것처럼 쓰는 것이 특징이다. 요즘은 광고 글이 넘쳐나므로 소비자들도 그만큼 대부분의 정보를 쉽사리 믿지 않는다. 검색 결과로 나온 블로그에 들어가서 가장 먼저 하단으로 스크롤을 내려 "제품을 제공받았다"라는 이야기가 있으면 뒤로 나가버리기까지 한다.

그래서 소비자 사이에 자연스럽게 스며들어서 홍보하는 방법으로 등장한 것이 바로 네이버 카페 댓글 광고다. 이를테면 "프라이팬 추천 좀 해주세요"와 비슷한 글을 찾아서 그곳에 "○○프라이팬을 써보니까 잘 안 들러붙고 좋더라고요"라는 식의 댓글을 다는 것이다. 같은 사람이 같은 댓글로 계속 추천하면 광고처럼 보일 것을 고려해 많은 사람을 고용해서 다양하게 댓글을 다는 것이 포인트다.

대부분의 사람은 네이버 카페에도 특정 업체의 마케팅이 있을 것이라고는 생각하지 못하기에 실제로 그 제품이 좋아서 추천하는 것이라고 믿고 결국 그 제품을 구매한다. 그러나 이런 마케팅도 무료로 하는 것이 아니라 실제로는 해당 제품을 지원받거나 금전적인 대가를 받은 경우가 대부분이다. 이것이 정말 사실인지 궁금하다면 당장 가장 유명한 맘카페에 가서 아기용 유산균 제품을 추천해달라는 글을 써보자. 일반 글에는 별로 달리지도 않는 댓글이 이런 글에는 순식간에 엄청나게 달릴 것이다. 보통 이렇게 마케팅 업체의 의뢰를 받은 블로거들은 해당 키워드를 알람으로 설정해놓고 관련 글이 올라오면 바로 달려가서 자신이 미는 제품을 추천한다.

스마트스토어 리뷰 역시 마찬가지다. 후기가 많을수록, 평점이 높을수록 일반 소비자에게 인기가 많다. 나만 해도 스마트스토어에서 특정 물건을 검색할 때 리뷰가 많은 순으로 검색한다. 해당 제품이 좋기에 그만큼 많은 구매가 이뤄졌으리라고 추측하기 때문이다. 하지만 리뷰 역시 마케팅 업체가 조작하는 경우가 많다. 이런 광고는 업체 측에서 사람을 고용해 제품을 직접 사게 하고 제품 구입비와 약간의 원고료를 지급해주며 포토 리뷰를 작성해달라고 의뢰하는 식으로 이뤄진다.

한번은 체험단 제품을 제공받고 블로그에 후기를 쓰기 전에 먼저 스마트스토어에서 그 물건의 후기를 검색해봤다. 제품을 실제로 사용해보니 만족스럽지 않아 다른 사람들은 이 제품을 어떻게 생각하는지, 혹은 내가 미처 놓친 장점이 있는지 궁금했기 때문이다. 그런데 베스트 리뷰를 보니 전부 별 5개 만점에 칭찬 일색이었다. 뭔가 이상해서 최신순으로 리뷰를 정렬해봤더니 가장 최근에 적힌 글들은 모두 불만이 가득한 리뷰였다. 이럴 때는 아마도 리뷰 상위에 노출되는 베스트 리뷰를 조작한 것이 아닐까 하고 추측해볼 수 있다. 대부분의 사람이 해당 제품을 쓰면서 불만을 느꼈고 나 역시 제품의 품질이 매우 떨어진다고 생각하는데 막상 리뷰를 보면 칭찬 일색이니 말이다.

블로그를 운영하기 전에는 전혀 몰랐던 것들인데, 내가 평소에 주로 접하는 것들이 모두 마케팅이라고 생각하니 적잖은 충격이었다. 이제는 네이버 카페 댓글도 믿을 수 없게 되었다. 소비자들은 똑똑해졌지만, 마케터들은 더 똑똑해졌다. 넘쳐나는 광고의 홍수 속에서는 어떤 것이 진실한 리뷰인지 파악하기 힘들다.

그러나 블로그를 운영할 때는 블로그로 수익을 내는 것뿐만 아니라 소비자에게 제대로 된 정보를 제공해주는 역할도 해야 한다. 마케팅 업체에서 무리한 가이드라인을 강요한다면 소신껏 거절하거나 적어도 어느 부분 정도는 조정하고 싶다고 이야기해보자. 과대광고나 거짓 광고가 담긴 포스팅은 작성하지 말아야 한다. 또한 가이드라인에 나와있지 않아도 개인적으로 궁금한 정보가 있다면 담당자 문의를 통해 자세하게 파악해서 되도록 검색자에게 정확한 정보를 전달하도록 하자.

블로그가 성장하면
수익화에 도전해보자

블로그 수익화,
언제 시작하면 좋을까

취미생활의 연장이 아니라 의도적으로 블로그를 키우기 위해 글을 쓴다면 무조건 글을 써야 한다는 압박감과 의무감 때문에 누구나 스트레스를 받을 것이다. 하지만 그 글로 인해 수익이 발생한다면 그보다 큰 동기 부여는 없다. 블로그를 한 달 넘게 꾸준히 운영했고 하루에 조회 수가 200~300회 정도 된다면 이제 천천히 수익화를 시도할 때가 된 것이다. 가장 쉽게 접하면서 수익을 낼 수 있는 블로그 수익화 방법은 바로 체험단 활동이다. 하지만 앞에서 언급한 대로 블로그를 개설하자마자 체험단 활동부터 시작하면 절대 안 된다. 기준을 명확하게 말할 수는 없지만, 앞서 이야기한 대로 네이버는 대가를 받은 광고성 리뷰가 블로그에 난무한다면 블로그에 악영향을 끼칠 수 있다고 분명하게 언급하고 있다. 체험단 역시 광고의 일종이다. 그러므로 체험단 활동을 시작하더라도 예전처럼 정보 글과 일상 글은 꾸준하게 올려주는 것이 좋다. 일반 글과 체험단 글의 비율을 2~3:1 정도로 적당히 섞어서 꾸준하게 활동을 지속하면 비교적 안전하다고 볼 수 있다.

물론 어떤 글이든 키워드를 활용해서 상위 노출을 노리는 것을 멈추면 안 된다. 체험단 활동을 지속하면서도 시간이 지날수록 조금씩 조회 수가 늘어나는 것을 눈으로 확인할 수 있어야 한다. 방문자 수가 일정 수준에 도달하면 블로그에 정체기가 찾아온다.

예를 들어서 하루 약 1,000명의 방문자가 찾아오는 블로그가 있다. 그런데 하루에 글을 3편씩 쓰든, 1편씩 쓰든 글의 수와 상관없이 1년 내내 방문자가 1,000명인 경우가 있다. 이런 현상을 블로거들끼리는 "박스권에 갇혀있다"라고 표현한다. 3편을 써도, 1편을 써도 방문자 수가 같다면 굳이 하루에 글을 3편씩 쓸 이유가 없다. 박스권 탈출 방법은 알려진 바가 없기에 어떤 블로거도 모르지만, 키워드를 잘 노리고 꾸준하게 좋은 문서를 포스팅하며 블로그를 운영한다면 일정 수준까지는 벗어날 수 있을 것이다.

리뷰 작성은
원칙을 세워서 진행하자

이상한 쪽지나 메일 제안에 혹해서 블로그를 대여하거나 원고 업로드 아르바이트를 하는 것이 아닌 이상, 초보 블로거가 가장 처음으로 접하는 수익원은 대부분 체험단 활동이다. 처음에는 제품을 공짜로 줄 테니 글을 써달라는 말에 뛸 듯이 기쁠 것이다. 아니면 체험단에 당첨되었다는 사실 만으로도 행복할 것이다. 내가 블로그 활동을 통해 어떤 제품을 공짜로 받는다고 생각하기 때문이다.

하지만 조금만 더 생각해보면 이것은 공짜가 아니다. 포스팅에는 내 노동력이 들어가기 마련이다. 내 시간과 노력을 생각하지 않는다면 내 블로그의 가치를 높일 수 없다. 물론 처음에는 대부분 저렴한 제품으로 계산되지만, 언젠가 블로그가 지금보다 더 성장한다면 내 노동력을 정확하게 계산하고 제품을 골라서 신청할 수 있을 정도가 된다.

수익형 블로그의 성장은 직장에서의 승진과 같다. 처음에는 최저 시급 수준의 돈을 받고 제품 리뷰를 작성하지만, 블로그의 규모가 지금보다 더 커지면 나중에는 부장급 시급을 받고 리뷰를 작성하게 될 것이다.

또한 블로그 수익화의 시작으로 체험단 활동을 추천하는 이유 중 하나는 글솜씨가 좋아지기 때문이다. 체험단 활동은 기본적으로 업체에서 제품의 특장점을 알려주거나 원하는 요구사항을 가이드라인으로 준다. 그 방식에 맞춰서 글을 작성하다 보면 '리뷰하는 글쓰기' 실력이 늘어나게 된다. 나중에는 어떤 제품을 받아도 제품을 받자마자 무슨 글을 써야 할지 머릿속에 대략적인 원고가 자동으로 떠오를 것이다.

가이드라인은
글쓰기 실력 향상의 지름길

가이드라인이란 마케팅 업체가 블로거들에게 제품 광고를 체험단 등의 형태로 맡기면서 자사의 제품을 잘 홍보할 수 있도록 특장점 등을 알려주는 것이다.

비싼 제품이거나 원고료가 비쌀수록 가이드라인이 상당히 구체적이며 어떤 곳은 블로거가 작성한 원고를 검수하기까지 한다. 그러나 기본적으로 대부분의 체험단은 원고료가 없고 제품만 제공하는 형태이므로 무리한 가이드라인을 주지는 않는 만큼 가이드라인을 바탕으로 글쓰기 실력 향상을 노려보는 것이 좋다.

가이드라인은 제품의 장점이 드러나는 글을 쓸 수 있도록 대본을 짜주는 역할을 하므로, 여러 차례 가이드라인에 맞춰서 글을 쓰다 보면 제품 리뷰 실력이 많이 늘어날 것이다. 기본적으로 체험단 업체가 주는 가이드라인은 다음의 형식이다.

기저귀 업체 가이드라인 예시
- 아이가 착용한 사진을 찍어주세요.
- 사진은 15장 내외로 넣어주세요.
- 흡수 테스트 영상은 30초 내외로 넣어주세요.
- 친환경적인 부분을 강조해주세요.
- 두께가 기존보다 얇아졌음을 강조해주세요.
- 타사 제품을 언급하지 말아주세요.

체험단 활동에 익숙해지면 나중에는 가이드라인만 봐도 어떤 글을 써야 할지 이미 머릿속에서 80% 정도는 완성할 수 있다.

나는 체험단 활동을 여러 차례 경험해봤기에 이제는 제품이 오기 전에 미리 제품의 정보 관련 내용을 모두 작성해놓았다가 제품이 도착하면 실제로 써본 뒤 후기와 사진들을 추가하고 보완해서 글을 마무리한다. 다음 글은 기저귀 가이드라인 예시를 바탕으로 내가 작성한 글이다.

> **"**
>
> 여름이라 아기가 기저귀를 답답해서 다른 제품으로 바꿔봤다.
> 땀띠도 나고 해서 얇은 기저귀를 찾다 보니 ○○ 제품이 눈에 띄었다.
> 마침 써볼 기회가 생겨서 입혀봤는데, 아기가 편안해하고 좋아했다.
> 두께가 기존보다 얇아져서 그런가 보다.
> 그런데 얇아졌어도 실제로 테스트해보니 흡수력이 상당히 좋았다.
> 게다가 친환경 기저귀라 환경에 도움이 된다고 생각하니 자꾸 손이 간다.
> 우리 아기가 마음에 들어 하고 나도 만족스러워
> 올여름은 이 기저귀로 정착해야겠다.

이런 식으로 풀어서 쓰면 된다. 글을 다 쓰면 추가로 사진을 찍어서 글 안에 배치해준다.

전체적인 제품 사진과 아기가 실제로 착용한 사진, 아기 옆에 놓인 사진, 제품 세부 사진 등을 골고루 찍어서 글을 완성한 뒤 앱을 통해 올리고 마무리하자.

구매를 유도하는
설득하는 글쓰기 방법

글쓰기 법칙 중에 파소나^{PASONA} 법칙이라는 것이 있다. 일본의 마케팅 전문가인 간다 마사노리$^{神田 昌典}$가 자신의 저서인 『돈이 되는 말의 법칙』에서 소개한 내용으로, 상대방을 설득해서 구매를 유도하는 글쓰기 방법론이다. 파소나 법칙을 이해한다면 체험단이나 앞으로 언급할 쿠팡파트너스 등의 활동을 하며 어떤 제품에 관해 포스팅할 때 구매를 유도하는 설득 형태의 글을 쓸 수 있다.

파소나 법칙

- Problem(문제 제기): 구매자가 직면한 문제 또는 고객이 간절하게 원하는 욕구를 명확하게 짚어낸다.
- Affinity(친근감 표시): 구매자와 같은 아픔 또는 같은 욕구를 갖고 있다는 것을 이야기와 오감을 통해 묘사한다.
- Solution(해결책 제시): 문제를 해결하거나 욕구를 실현할 방법이 있다는 것을 알린다.
- Offer(제안): 구체적인 제안을 한다. 샘플, 모니터, 테스트, 가격, 혜택 등을 명시한다.
- Narrowing down(한정성 설명): 제안을 받아들이면 문제를 해결할 수 있거나 욕구를 실현할 수 있는 사람이 충족시켜야 하는 조건을 말한다.
- Action(행동 요구): 긴급하게 행동해야 하는 이유를 설명하고 행동을 촉구한다.

앞에서 예시로 든 체험단 활동에 파소나 법칙을 적용해보자.

>

P: 여름이라 아이가 기저귀를 답답해하고, 허리에 땀이 차는 문제가 생겼다.

A: 아이의 연약한 피부에 벌써 땀띠가 났는데, 밤새 벅벅 긁어서 마음이 아팠다.

S: 허리 밴드 흡수력이 좋은 얇은 기저귀를 찾아보니 ○○ 제품이 좋다더라.

O: 지금 구입하면 1+1 행사로 한 팩을 더 준다고 해서 써봤다.

N: 만약에 마음에 들지 않거나 아이에게 발진,

땀띠 등이 생기면 무료로 반품해준다고 한다.

A: 지금 하는 이벤트는 선착순 100명에게만 제공한다고 하니

빨리 사는 것이 이득이다.

파소나 법칙은 내가 직접 제품을 판매할 때 사용하면 좋다. 즉 이후에 언급할 제휴마케팅 등에서 빛을 발하는 마케팅용 글쓰기 방법이므로 모든 체험단 활동에 파소나 법칙을 적용하면 안 된다.

! MISSION

내가 가진 물건 중에서 한 가지를 골라 파소나 법칙을 활용해서 이를 판매하는 글을 써보자.

- P(문제 제기):

- A(친근감 표시):

- S(해결책 제시):

- O(제안):

- N(한정성 설명):

- A(행동 요구):

체험단 활동 당첨은
왜 이렇게 어려울까

처음 블로그를 시작하는 사람은 체험단 활동을 목표로 삼는 경우가 많다. 제품 리뷰뿐만 아니라 서비스 등을 받으면서 식비, 미용비 등 실생활에서 지출되는 비용을 줄이고자 하는 이유에서다. 그런데 도무지 당첨이 안 된다고 이야기하는 사람이 있다. 그럴 때는 내가 쓴 글을 살펴볼 필요가 있다. 체험단 업체 역시 광고주에게 돈을 받고 블로거들에게 의뢰하는 것이므로 조회 수가 안 나오는 블로그보다는 글과 사진이 엉망인 블로그를 더 싫어한다. 반대로 방문자 수는 별로 없지만, 글과 사진이 깔끔하다면 종종 체험단에 선정되기도 한다. 그래서 체험단 활동 당첨을 위해서는 사진을 깔끔하게 찍고 정보를 명확하게 전달하는 글쓰기 연습이 필요하다. 물론 이런 글쓰기는 처음부터 바로 이뤄지는 것이 아니다. 그러니 체험단을 자주 하는 이웃 블로그가 있다면 한번 살펴보자. 사진을 어떤 식으로 찍는지, 무슨 내용을 넣는지 살펴보다 보면 눈썰미가 늘기 마련이다.

　체험단 당첨이 안 되는 또 다른 이유 중 하나는 내가 필요한 것만 신청하기 때문이다. 이를테면 100종의 체험 품목 중에서 고작 2종만 신청해놓고 당첨이 안 된다고 말하는 것이다. 체험단 활동은 많이 신청하면 신청할수록 당첨이 잘될 수밖에 없다. 물론 광고주의 입장에서만 생각한다면 노출이 잘되고 조회 수가 높은 블로거에게만 일을 맡기고 싶을 것이다. 하지만 광고주로부터 일을 의뢰받아 진행하는 마케팅 업체가 실제로 그렇게 한다면 상대적으로 조회 수가 낮은 일반 블로거들은 모두 그 마케팅 업체를 떠날 것이다.

마케팅 업체가 광고주에게 가장 크게 강조하는 자사의 장점 중 하나는 자신의 업체가 많은 블로거와 인플루언서 회원을 보유하고 있다는 점이다. 그러므로 마케팅 업체가 체험단 활동을 진행할 경우, 일부 물량은 조회 수가 낮은 블로그에 배정할 수밖에 없다. 그래야 그들이 떠나지 않고 계속 체험단 활동을 신청할 것이고, 마케팅 업체는 이를 바탕으로 자사가 많은 회원을 보유하고 있다고 광고주에게 어필할 수 있기 때문이다.

제품 체험의 경우 전국구로 경쟁이 이뤄지므로 당첨 확률이 낮은 편이지만, 미용실, 필라테스, 맛집 등 서비스 항목의 경우 주로 내가 신청한 지역의 블로거들과 경쟁하므로 확률이 조금 더 높다. 다만 서비스 항목은 일정이 정해져 있다는 점에 유의하자. 일정을 고려하지 않고 여기저기 중복으로 신청하다 보면 일정이 겹쳐서 난감한 상황이 발생할 수 있고, 일부 사업주는 해당 블로거를 공짜 서비스만 받으러 오는 사람으로 여겨 불쾌한 경험을 하게 될 수도 있다.

육아 블로그로 시작한
나의 체험단 활동 이야기

나는 육아 블로그를 운영하면서 체험단 활동을 시작했다. 육아 블로그는 대개 아기가 분유를 먹고 기저귀를 차는 3세 정도까지 빛을 발한다. 그사이에 짧고 굵게 쓰는 육아용품이 엄청 다양하다. 소위 "육아는 아이템빨이다"라는 말이 있을 정도로 육아를 도와주는 아이디어 상품이 많기 때문이다. 내가 처음 체험단으로 선정되어 받은 것은 폴더 매트였다. 돈을 주고 구매하려면 10만 원이 훌쩍 넘는 매트를 체험단 활동이라는 이유로 공짜로 받게 되어 어안이 벙벙했던 기억이 난다. 이후에도 체험단 활동을 통해 여러 육아용품을 받게 되어 실제로 첫째 아이를 키우는 동안에는 돈이 별로 들지 않았다. 아기 소파, 폴더 매트, 분유 포트, 분유, 기저귀, 기저귀 가방, 아기 로션, 아기 세제 등 체험단 활동으로 인해 받은 제품이 수없이 많다. 블로그를 제대로 키워놓은 지금은 둘째 아이 앞으로 늘어오는 협찬 제품이 더 많아졌다. 비접촉식 온도계, 온습도계, 수유 쿠션, 젖병 세트, 역류방지 쿠션, 아기 토퍼, 젖병 소독기, 유축기, 보틀 워머 등 체험단 활동으로 다양한 제품을 받은 덕분에 육아용품 비용으로 사용하는 돈이 거의 없다고 해도 될 정도다.

나는 여러 체험단 활동과 다년간의 블로그 운영을 통해서 지금은 내 글 한 편의 가치를 7만~10만 원 사이로 정하고 그 이하의 제품은 꼭 필요한 것이 아니면 체험단 활동을 신청하지 않는다. 가끔 원고료가 있는 원고 청탁을 받기도 하고, 체험단 활동이 아니더라도 다른 부분에서 충분히 수익을 창출할 수 있으니 굳이 2만~3만 원짜리 제품을 받고 글을 써야 하는 수고를 하고 싶지 않다. 하지만 이제 둘째 아이가 태어나 아기가 성장하면서 내 육아 블로그도 언젠가는 수

명을 다할 예정이므로 나 역시 차후에는 다른 주제로 넘어가야 할 수도 있다.

이처럼 육아 블로그는 운영하기에 따라서 협찬도 굉장히 많이 받을 수 있고 유리한 점도 많지만, 수명이 정해져 있다는 것을 인지하고 미래를 위해 서브 주제를 하나 정도는 준비해두는 것이 좋다.

TIP ▶ 체험단 활동 경험해보기

체험단 활동을 경험해보고 싶다면 다음의 리스트 중에서 마음에 드는 곳을 골라서 신청해보자. 많이 신청할수록 확률이 올라간다. 대표적으로 가장 유명하고 괜찮은 곳을 선정해봤다.

- 레뷰 www.revu.net
- 리뷰 플레이스 www.reviewplace.co.kr
- 링블 www.ringble.co.kr
- 다나와 체험단 www.event.danawa.com/experience
- 디너의 여왕 www.dinnerqueen.net
- 티블 www.tble.kr

이 외에도 많이 알려지지는 않았지만, 올블로거 AllBloger 처럼 체험단 사이트만 전문적으로 모아놓은 앱도 있다.

수익형 블로그도
엄연한 비즈니스다

처음 블로그 수익화를 시도했을 때는 체험단 사이트에서 원하는 제품을 신청하는 것 외에는 다른 방법을 알지 못했다. 그런데 어느 순간 새로운 메일이 있다는 알림이 떠서 메일 창을 열어보니 마케팅 업체에서 보낸 협찬 제의가 들어와있었다. 물론 블로그 관련 제안이 쪽지로 오는 경우도 많다. 하지만 대부분의 쪽지 내용은 "블로그를 팔아라" "블로그를 대여해달라" "비용을 줄 테니 제공하는 원고를 그대로 올려달라"라는 것뿐이었다. 이런 것들은 해서는 안 된다는 것을 미리 알고 있었기에 모두 무시했다. 그런데 점점 제품에 대한 더 많은 협찬 제의가 메일과 쪽지로 들어오기 시작했고 나중에는 쪽지함과 메일 수신함을 열어보는 것이 나의 첫 일과가 되었다.

대부분 체험단 활동을 통해 작성한 글이나 내가 사용하는 제품에 대한 리뷰가 상위에 노출된 것을 보고 마케팅 업체에서 먼저 보낸 연락이었다. 이를테면 '아기 세탁 세제'에 대한 포스팅을 잘 썼더니 각종 세제 업체로부터 1년간 러브콜을 받았던 적이 있다. 물론 세제를 줄 테니 글을 써달라는 제의도 있었지만, 원고료까지 지급하겠으니 리뷰를 써달라는 제의도 꽤 있었다. 상위 노출이라는 조건을 내세워 추가 원고료까지 주겠다는 제의도 있었다. 기저귀나 분유 같은 제품은 기본적으로 제품 제공 외에 원고료도 10만 원이 넘었다.

나는 기저귀와 분유 협찬을 거의 달마다 받았다. 서두에서도 언급했지만, 협찬을 많이 받은 덕분에 아기 세제나 아기 로션은 첫째 아이가 3살이 되었는데도 아직 다 못 쓰고 잔뜩 쌓여있다. 원고료는 처음에 3만 원짜리 의뢰로 시작해서 나중에는 75만 원짜리 의뢰까지 제의받았는데, 75만 원짜리 원고 의뢰는 글을 2회 써야 한다거나 위험한 키워드가 들어있는 의뢰였다. 처음에는 신이 나서 이것저것 다 신청했다. 하지만 어느 정도 내 글쓰기 실력과 블로그 운영에 자신감이 생기자 이제 인턴 수준에서 벗어나 대리나 과장급의 단계에 도달했다고 생각하고 7만~15만 원 사이의 원고료를 주는 의뢰만 수락하는 것으로 원칙을 정했다.

원고료를 지급하는 업체는 대부분 마케팅 업체다. 그래서 노출에 관련된 내용이나 네이버 로직을 어느 정도 알고 있고 그에 맞춰서 가이드라인을 작성한다. 또한 블로거가 가이드라인에 맞게 작성했는지 초안도 검수하는데, 대부분의 마케팅 업체는 초안 파일을 워드로 요청한다. 원고를 처음부터 워드로 작성하면 나중에 블로그로 글을 옮길 때 번거롭다. 따라서 원래 글을 쓰듯이 블로그에 사진 등을 첨부해 작성하고 난 뒤에 긁어서 복사한 후 워드로 옮기는 것이 편하다. 그렇게 한 뒤 글자 크기를 10~11포인트로 바꿔주고 사진 크기를 조절하고 정렬을 손보면 된다. 나는 나중에 혹시라도 분쟁의 소지가 있을 경우를 대비해 의뢰받은 원고의 파일명을 모두 '날짜_블로그 제목' 형태로 저장해둔다.

성실성과 책임감이
수익을 내는 노하우다

이렇게 원고료를 받고 포스팅했던 시절의 내 블로그는 일일 방문자 수가 3,000명쯤이었다. 그때 처음으로 3만 원의 원고료를 제안받았지만, 일일 방문자 수가 1만 명에 이른 지금도 3만 원의 원고료를 제안하는 업체가 종종 있다. 그럴 때 나는 제품에 따라서 필요하면 수락하기도 하고 아니면 오히려 역으로 정중하게 제안하기도 한다. 답장을 보내서 내 블로그에 들어오는 원고료 제안은 최소 얼마이므로 이 점을 고려해달라고 말하는 것이다. 만약 업체에서 이를 수용하는 경우 더 나은 조건으로 리뷰를 진행할 수 있다.

원고료 제안을 여러 번 받다 보면 눈에 낯익은 업체들이 보이기 시작한다. 블로그 제품 리뷰는 물건을 직접 판매하는 업체보다 대체로 해당 업체로부터 업무를 위탁받은 마케팅 업체(광고대행업체)들이 블로거와 직접 진행하는 경우가 많다. 마케팅 업체들은 광고주와의 계약을 통해 업무를 수행하는데, 대기업들은 대부분 마케팅 업체를 통해 마케팅을 진행한다고 보면 된다. 일반적으로 대기업 제품을 담당하는 마케팅 업체는 다른 업체들보다 원고료도 상대적으로 후하게 지급해주는 경향이 있다. 앞서 언급한 기저귀, 분유 업체처럼 말이다.

나는 이 외에도 통신사, 대형 쇼핑몰 등 다양한 업체의 광고 제안을 받았지만, 모두 제품 업체가 아니라 마케팅 업체를 통한 의뢰였다. 따라서 특정 마케팅 업체와 연을 잘 맺는다면 지속해서 광고 제안을 받을 수 있다. 반대로 원고료를 받았는데도 엉터리로 대충 포스팅한다면 마케팅 업체의 블랙리스트에 올라가서 다시는 광고 의뢰를 받지 못할 수도 있다.

물론 나 역시 의뢰를 받았는데도 성실하지 못하게 끝낸 경험이 있다. 마케팅 업체의 의뢰가 있어서 업체와의 협의를 통해 원고료를 협의하고 리뷰를 진행했으나, 갑작스럽게 찾아온 심한 입덧으로 인해 약속했던 9회의 포스팅을 모두 하지는 못했다. 그러자 마케팅 업체에서도 내가 올리는 포스팅이 성실하지 못하다는 사실을 파악했고, 특별히 서로 의견을 나누지 않았음에도 7회에서 포스팅을 멈추게 되었다. 아마 이때 마케팅 업체들끼리 내 블로그에 대한 정보를 주고받지 않았을까 추측한다. 아이러니하게도 그 후로 원고료 제안이 점점 줄어들었기 때문이다.

이렇듯 추측이긴 해도 마케팅 업체끼리도 블로거에 관한 정보를 공유하는 부분이 있어서 어떤 일이든 의뢰받은 일을 성실하게 잘해주면 다른 업체에서 연락을 주기도 한다. 반대로 분명 협의를 거쳐서 일을 의뢰받았는데도 불성실하고 대충 처리하며 책임감을 보이지 않는다면 기존에 거래했던 마케팅 업체까지 다 떨어져 나갈 수 있다. 그래서 의뢰는 늘 가볍게 생각하지 말고 일종의 비즈니스라고 생각하며 책임감 있게 해야 한다.

내돈내산 리뷰도
의뢰받은 리뷰처럼 쓰자

블로그에 글을 하루에 1편씩 한 달 동안 빠짐없이 포스팅한다고 가정해보자. 한 달 동안 쓴 약 30편의 글이 모두 협찬 리뷰일 수는 없다. 내가 겪은 일에 대한 정보 공유, 장소나 제품에 대한 내돈내산 리뷰 등 협찬 리뷰가 아닌 글의 비율이 초기에는 당연히 더 높을 수밖에 없다.

　어느 정도 블로그를 운영한 나도 지금도 일부는 내가 쓰고 싶은 글을 쓰곤 한다. 원고료 제안이나 협찬은 꾸준한 것이 아니기에 때마다 협찬 글의 비중이 달라질 수 있다. 그리고 본인이 협찬을 얼마나 수용하고 거절하느냐에 따라서도 비중이 달라진다. 하지만 내돈내산 리뷰라 하더라도 잘 쓴 글이고 상위에 노출되는 포스팅이라면 관련 업체에서 차후에 협찬을 요청하기도 한다.

나는 딸아이에게 처음으로 크록스 신발을 사주기 위해 크록스 사이즈 표에 관한 글을 포스팅한 적이 있다. 해당 포스팅이 노출된 지 얼마 지나지 않아 크록스 세척 티슈를 파는 업체로부터 리뷰 제안을 받았다. 제품을 줄 테니 글을 써달라고 하는 것이었다. 제품을 보니 내가 유용하게 사용할 만한 제품이긴 했지만, 협찬으로 제공받는 제품의 가격이 너무 저렴했다. 그래서 업체에 역으로 내가 원하는 수준의 원고료 협의를 제안했더니 원고료 지급은 어렵고 판매 중인 자사 제품 중에서 원고료에 상응하는 만큼 제품을 보내주겠다는 답변이 왔다. 결국 클리너 제품, 각종 천연비누, 손목 보호대, 공기청정기까지 해당 업체의 제품을 잔뜩 받고 열심히 포스팅했던 기억이 있다. 그 외에 아기 소파를 협찬받고 쓴 포스팅이 노출되었을 때나 가정용 좌욕기를 협찬받았을 때도 경쟁 업체들에게서 일종의 러브콜을 받았다. 이렇듯 딱히 체험단 활동 리뷰나 내돈내산 리뷰인지와 상관없이 잘 쓰고 상위에 노출되는 리뷰라면 관련 업체로부터 각종 제안을 받을 수 있다.

프리랜서로서
나만의 기준을 정하자

나는 블로그가 쭉쭉 성장하자 성장세에 맞춰 7만 원 이하의 원고료를 주는 의뢰는 받지 않기로 원칙을 정했다. 하지만 둘째 아이를 임신하고 초기 입덧으로 인해 원고료 제안이 끊기자 다시 예전의 블로그로 복구하는 문제가 더 시급하다고 판단해 빠른 회복을 위해 원고료의 기준을 5만 원으로 내렸다. 혹은 나에게 꼭 필요한 제품을 리뷰하는 의뢰이거나 제품의 가격이 상당하다면 원고료를 더 내리거나 협의하기도 했다.

이처럼 블로그 수익화를 위한 확고한 나만의 원칙은 운영상 필요한 요소지만, 반드시 해당 기준을 고집할 필요는 없다. 내가 나만의 기준을 정한 것은 내 생활과 블로그가 주객전도되지 않도록 하기 위함이었다.

만약 들어오는 제안 중에서 적은 원고료를 주는 의뢰까지 수락하면 물론 수익은 늘어날 것이다. 하지만 내 블로그의 글은 죄다 협찬 리뷰로 도배될 것이며 그 일들을 처리하느라 회사, 육아, 집안일이 모두 엉망이 되리라고 생각했다. 그러나 이렇게 원고료 의뢰가 뜸할 때는 융통성을 발휘해 기준을 바꿔서 원고료를 낮춰보기도 하고 제품 협찬만으로 포스팅을 진행하기도 한다.

잊지 말아야 할 점은 내가 이렇게 사진을 찍고 글을 써서 포스팅하는 것은 일종의 노동이라는 점이다. 1만 원짜리 제품을 받고 1만 원을 벌었다고 생각하지 말고, 내가 이 리뷰를 포스팅하기 위해 투자한 시간 대비 비용을 생각해야 한다. 1시간이 걸렸다면 최저 시급이라도 계산해봐야 한다. 이처럼 블로그 운영을 노동 가치로 환산해봐야 앞으로 계속 발전할 수 있고, 나 스스로 블로그를 운영하는 일을 하찮게 보지 않으며 뿌듯하게 지속할 수 있다.

수익도 중요하지만, 상도덕을 지키자

의뢰 및 협찬을 받아서 내가 포스팅한 키워드가 상위에 노출되면 이후 다른 관련 업체들에게서도 많은 제안을 받게 된다. 물론 바로 의뢰를 연이어 받아서 또 비슷한 리뷰를 진행할 수도 있다. 비싼 제품일수록 수익이 될 것이다. 하지만 나는 이럴 때는 의뢰를 잠정적으로 보류하거나 거절했다.

예를 들어서 내가 작성한 글로 인해 '카시트'라는 키워드가 현재 1위에 올라가 있고 그 글을 쓴 지 한 달도 되지 않은 상태다. 만약 내가 다른 회사의 카시트 제품을 또 받아서 같은 키워드로 글을 쓴다면 어떻게 될까? 네이버는 최신 글을 우대하므로 기존 글보다 새로 쓴 글이 상위에 노출될 확률이 높다. 그러나 그렇다면 기존에 나에게 원고료로 제품을 제공한 업체는 상위에 노출된 효과를 얼마 보지 못할 것이다.

사실 나로서도 상위에 잘 노출된 키워드를 가지고 굳이 추가로 글을 쓸 이유가 없다. 잇속을 챙기려면 무조건 하는 것이 맞으나 나는 상도덕은 지켜야 한다는 입장이다. 실제로 나는 이런 상황이 발생하면 업체에 내 글이 순위에 밀려서 내려갔을 때 다시 제안해달라고 이야기하며 정중하게 거절한다. 만약 글이 내려가지 않았더라도 기존 포스팅이 한 달 정도 상위에 노출된다면 어느 정도 광고 효과를 본 것이므로 타 제품 리뷰 의뢰를 받기도 한다.

블로그 수익화 방법 1
- 제휴마케팅

방대하고 다양한
제휴마케팅의 종류

제휴마케팅은 내가 어떤 방식으로든 특정 제품을 홍보했을 때 소비자가 그에 반응해 행동으로 이어지면 그 대가로 업체가 나에게 일정 수수료를 지급하는 형태의 마케팅 기법이다. 나는 제휴마케팅이란 용어를 블로그를 운영하면서 처음 접했다. 그만큼 광고에 대해 무지했고 유통이나 상품 판매 경로, 홍보 등에 큰 관심이 없었다. 그저 상품을 살 때 최저가를 검색해서 구입하는 것이 다였다. 하지만 수익형 블로그 운영을 시작한 후로 제품의 판매에 있어서 마케팅은 가장 기본적인 요소이며, 이를 통해 수익을 올릴 수 있다는 것을 알게되었다. 제휴마케팅의 종류는 상당히 방대해서 내가 아는 제휴마케팅의 종류도 꽤 많은 편이지만, 아직 알지 못하는 부분도 많다.

실제로 제휴마케팅을 접하다 보면 내가 몰랐던 것들도 실은 마케팅이라는 것을 깨달을 때가 있다. 이번 내용을 말하기에 앞서서 여러분에게 이야기하고 싶은 것이 있다. 내가 했던 방법을 보면서 그대로 실행하는 것도 좋지만, 이 외에도 다양한 수익화 방법이 있다는 것을 깨달았으면 좋겠다. 마케팅 방법은 지금도 계속 변화하고 있고, 늘 새로운 것들이 나온다. 변화하는 흐름을 읽고 스스로 수익을 끌어낼 새로운 분야를 찾는 통찰력을 키워야 한다.

내가 한 번 이상 접해본 제휴마케팅 업체를 대략 나열해보면 다음과 같다. 쿠팡파트너스^{coupang-partners}, 애드픽^{adpick}, 미트리^{metree}, 텐핑^{tenping}, 지니팡^{genipang}, 아이허브^{iherb}, 빅링크^{big-link}, 아마존^{amazon}, 알리익스프레스^{aliexpress}, 링크프라이스^{linkprice} 등이다.

광고 용어로는 'CPA' 'CPC' 'CPM' 'CPS' 등이 있는데, 'C'는 'Cost', 'P'는 'Per'를 의미한다. 그리고 마지막에 오는 'A' 'C' 'M' 'S'는 우리에게 지급되는 수수료(비용)가 어떤 방식으로 발생하는지를 분류해놓은 것이다. 블로거가 말하는 제휴마케팅은 대부분 CPA와 CPS를 말한다. 해당 용어를 좀 더 자세히 설명하고자 한다.

CPA Cost Per Action

CPA는 'Action'에서 알 수 있듯이 특정 행동에 따라서 광고 비용이 지급되는 형태다. 특정 행동이란 이를테면 회원 가입, 이벤트 참여, 상담 예약, 애플리케이션 다운로드 등이다. 즉 내가 특정 광고를 홍보했을 때, 누군가가 클릭만 한다고 해서 수수료를 받을 수 있는 것이 아니라 그 사람이 추가로 행동^{Action}하는 것까지 이어졌을 때 수수료를 받는 것이다. 텐핑, 애드픽, 디비디비딥^{dbdbdeep} 등의 업체에 있는 많은 제휴마케팅은 대부분 CPA라고 볼 수 있다.

가장 많이 이뤄지는 행동은 상담 예약인데, 상담 예약의 목적은 고객 데이터베이스 획득이다. 여기서 말하는 데이터베이스는 고객 정보를 의미한다. 예를 들어서 내가 자동차보험 비교 사이트를 내 블로그에 홍보했을 때 그 글을 본 누군가가 자동차보험을 비교하기 위해 본인의 전화번호를 입력하고 상담 예약 버튼을 클릭한다면 해당 고객의 데이터베이스가 수집된 것이므로 수수료를 받을 수 있다. 이 경우 고객은 상담에 관심이 있어서 본인이 직접 전화번호를 입력했으므로 실제 판매로 이어질 확률이 높다.

따라서 CPA는 단가가 높은 편이다. 다만, 몇천 원부터 몇만 원까지 광고주가 얻는 이익에 따라서 수수료가 다르게 책정된다. 기업에 꽤 많은 이익을 가져다주는 태아 보험과 같은 것들은 비싼 수수료를 받을 수 있다. 물론 CPA에는 승인율이라는 것이 존재해서 100건을 성사한다고 해도 100건에 대한 수수료를 모두 받는 것은 아니다. 사이트마다 승인율이 다르고 등급에 따라 조정되는 부분이 있으므로 자세한 것은 직접 확인해보는 것이 좋다.

개인적으로는 블로그에서 CPA 제휴마케팅 광고를 하고 싶다면 블로그를 하나 더 만드는 것을 추천한다. 높은 수수료를 자랑하는 CPA 제휴마케팅은 대부분 키워드로 인해 저품질 블로그화의 위험 부담이 있기 때문이다. 특히 초보일 때는 위험 요소를 분간하기 어려워 쉽사리 자기 블로그를 망가뜨릴 수 있다. 그래서 CPA는 되도록 블로그 운영이 안정적일 때 하는 것을 추천한다.

나는 성격상 CPA가 잘 맞지 않아서 거의 하지 않는 편이다. 하지만 블로그로 고수익을 올리는 사람들은 CPA를 잘 활용한다. CPA를 위한 글쓰기는 읽는 사람에게 광고가 아니라는 느낌을 주면서 한편으로는 내 경험을 녹여내어 공감을 얻는 글을 써야 해서 쉽지 않다. 하지만 키워드만 잘 잡으면 낮은 조회 수의 블로그에서도 수익을 낼 수 있어서 매력적이다.

CPA 예시
- 자동차보험료를 조회하도록 유도해 고객 정보(데이터베이스)를 획득
- 학점은행제를 홍보해 상담받을 수 있도록 유도해 고객 정보(데이터베이스)를 획득
- 음식물쓰레기 처리기 한 달 무상 사용 이벤트에 참여하도록 유도해 고객 정보(데이터베이스)를 획득
- 신규 게임 애플리케이션을 다운받아서 플레이하도록 유도

CPS Cost Per Sale

CPS는 'Sale'에서 알 수 있듯이 내가 소개한 제품이 판매되어 매출로 이어졌을 때 나에게 광고 비용이 지급되는 형태다. 대표적인 업체로 쿠팡파트너스, 아이허브, 미트리, 아마존, 빅링크 등이 있으며 애드픽 등에서도 쇼핑 탭이 따로 있어서 CPS를 할 수 있다.

쿠팡파트너스는 제휴마케팅에 관심이 있는 사람이라면 한 번쯤은 들어봤을 것이다. 이제는 각종 커뮤니티와 네이버 카페에서도 수

익 링크를 찾아서 제재하느라 바쁠 정도로 많이 알려져 있다. 소위 핫딜인 것처럼 글을 올려놓았는데 알고 보니 본인의 쿠팡파트너스로 영리를 취하는 눈속임 사례가 자주 발생했기 때문이다. 이로 인해 쿠팡파트너스에서도 수익형 링크를 배포할 때는 반드시 수수료를 지급받을 수 있다는 것을 명시할 것을 요구하고 있다. 이 요청 시기는 공정위에서 협찬이나 광고에 관한 표기를 의무화하라고 했던 시기와 비슷한 시기였다.

사람들이 CPS 중에서도 특히 쿠팡파트너스와 아이허브 등에 열광하는 이유는 클릭만 발생하면 타 제품에 대해서도 수수료를 받을 수 있기 때문이다. 즉 내가 홍보한 제품에 대해 구매가 이뤄졌을 때만 수수료를 받을 수 있는 것이 아니다. 누군가가 내 제품 링크를 한 번이라도 클릭했다면 꼭 그 제품이 아니더라도 클릭 후 24시간 내에 구입하는 모든 제품에 대해 3%의 수수료를 지급한다.

쿠팡의 로켓배송은 육아하는 가정에서 대부분 애용할 정도로 편리한 서비스다. 타 쇼핑몰보다 가격이 조금 더 비싸더라도 최대한 빨리 오는 것을 선호하는 아기 엄마들의 니즈를 잘 파악한 전략이다. 아기 엄마들은 쿠팡에서 거의 매일 물건을 주문한다. 이런 이유로 맘카페, 육아 단톡방 등에 쿠팡파트너스 수익형 링크를 퍼다 나르는 사람들이 많아졌다. 그로 인해 이제는 많은 사람이 수익형 링크를 알게 되었다. 이제는 네이버 카페 같은 곳에 이런 링크를 올리면 대부분 강퇴(강제 퇴장)를 당할 것이다.

코로나가 본격적으로 유행해 배송 서비스 수요가 늘어난 2020년을 기준으로, 쿠팡은 전년 대비 매출액이 약 93%(쿠팡 미국 상장신고서 기준)나 늘었고, 우리나라 이커머스 시장에서 2위를 달성할 징도로 빠르게 성장하고 있다. 2020년 11월을 기준으로 우리나라 국민이 가장 많이 사용한 쇼핑 앱 1위는 쿠팡이며 사용자만 해도 약 2,420만 명에 이른다고 한다. 즉 우리나라 인구의 절반 가까이 사용하는 쇼핑몰인 만큼, 클릭률만 높아도 어느 정도 수익은 보장된다고 볼 수 있다. 쿠팡파트너스의 수익 절차는 다음과 같다.

쿠팡파트너스 수익 절차 예시

1. A 제품의 링크를 배포한다.
2. 누군가가 해당 링크를 클릭한다.
3-1. 클릭 후 관심이 생겨서 A 제품을 주문한다.
3-2. 또는 A 제품에는 관심이 없지만, 마침 B 제품이 필요해 B 제품을 주문한다.
3-3. 또는 클릭 후 앱을 닫았다가 저녁(24시간 내)에 C 제품이 필요해서 주문한다.
4-1. A 제품에 대한 수수료를 지급받는다
4-2. B 제품에 대한 수수료를 지급받는다.
4-3. C 제품에 대한 수수료를 지급받는다.

제휴마케팅을 성공적으로 진행하기 위해서는 예상 구매자와 제품에 대한 고민이 필요하다. 각종 전자 제품의 사전 예약일이나 밸런타인데이, 빼빼로데이 등의 기념일을 겨냥하는 제품들이 많이 있으니 예상 구매자와 제품에 관한 전략을 짜서 글을 포스팅하도록 하자. 쿠팡파트너스의 제휴마케팅을 하는 사람들은 대부분 다음과 같은 방식으로 수익을 올린다.

쿠팡파트너스 수익 방법 예시

1. 고가의 제품(아이패드 등)을 홍보해 많이 팔리지는 않아도 수수료 자체를 많이 받는 방법
2. 상품코드('CRP-LHTR0610FW'와 같은 형태)를 직접 사용해 전환율(클릭 후 구매하는 비율)을 높이는 방법
3. 특정 커뮤니티에 글을 작성하거나 궁금증을 유발하는 제목을 사용해 다수의 클릭을 노려 클릭자가 홍보와 관계없이 구입하는 것에 대해 수수료를 받는 방법

예전에 쿠팡파트너스 활동을 하는 사람들이 블로그에 수백, 수천 개의 글을 자동으로 올리면서 수익 링크를 걸었던 적이 있다. 이를 안 네이버는 블로그 관리를 위해 쿠팡 링크가 들어간 글은 노출 시 페널티를 받도록 조치했다. 그 후로 사람들은 단축 주소 사용, 티스토리 등 HTML을 사용할 수 있는 블로그를 이용해 리디렉션(다른 페이지로 강제 이동), 서브 네이버 블로그에 링크를 건 뒤 다시 내 블로그에 링크를 걸어 한 단계 우회하는 방법 등을 사용하고 있다. 이 방법에 대해서는 뒤에서 다시 이야기하겠다.

아이허브 역시 쿠팡파트너스와 비슷하다. 구매자가 5%의 할인을 받을 수 있는 내 리워드 코드를 사용하면 그에 대해 수수료를 지급한다. 나는 아기용 유산균 제품 중에서 유명 해외 제품인 바이오가이아^{biogaia}에 관한 글을 포스팅한 적이 있는데, 그 글 하나로 매달 약 30만 원의 적립금을 몇 달 동안 벌었던 적이 있다. 지금은 글이 뒤로 밀려서 그 정도의 적립금이 쌓이지는 않지만, 글 한 편으로 거의

반년 정도 그렇게 벌었으니 효자 글 역할을 톡톡히 한 셈이다. 다만 아이허브의 수익은 달러로 받아야 하고 송금할 때마다 수수료 10달 러가 발생하므로 모아두었다가 한화로 60만~80만 원 정도의 금액 이 모일 때 한번에 인출하고 있다. 아이허브는 해외 직구 사이트지 만, 한국어를 완벽하게 지원하고 있고 한국인 상담원까지 있어서 이 용이 편리하다. 또한 영양제만 파는 것이 아니라 가성비 좋은 웰니 스 제품, 유기농이나 비건 제품이 많아서 국내에서도 인기가 높다.

한편으로, 아마존은 전 세계적으로 신뢰도가 높은 글로벌 기업이 므로 해외 직구 경험이 있고 영어에 부담이 없다면 아마존 제휴마 케팅을 시도해보는 것도 좋다. 아마존 역시 쿠팡처럼 24시간 이내에 클릭자가 제품을 구입하면 나에게 수수료를 지급해주며, 종류에 따 라 최대 10%까지 수수료를 지급한다. 게다가 규모가 가장 큰 쇼핑 몰 중 하나인 만큼 엄청나게 다양한 제품을 판매하고 있다. 우리나 라에서 공식적으로 수입하는 회사가 없는 제품이라거나 팔더라도 가격이 너무 비싸서 직구를 선호하는 제품을 찾아서 시도해보자.

여기에 추가로 링크프라이스를 알아두면 좋다. 링크프라이스는 쿠팡 외에 다른 곳에서 파는 제품을 홍보하고 싶을 때 이용하면 된 다. 우리나라에 있는 인지도 높은 쇼핑몰은 대부분 링크프라이스와 제휴를 맺고 있다. 오픈마켓인 옥션, 지마켓 등에서 제품을 찾고 링 크프라이스를 거쳐서 홍보하면 그곳에서 구매자가 구입한 금액에 대해 수수료를 받을 수 있다. 하지만 대부분의 오픈마켓(지마켓, 위메 프, 옥션 등)은 판매 수수료가 쿠팡파트너스보다 훨씬 적고 구입한 제품에 대해서만 지급해주는 경우가 많다. 또한 쇼핑몰별로 각각 다른 수수료율, 지급 방식 등을 책정하고 있어서 생각보다 큰 수익을 얻기는 어렵다. 다만 제휴 중인 쇼핑몰이 다양하고 이벤트로 인해 한시적으로 수수료가 높아질 때도 있으므로 알아두면 도움이 된다.

링크프라이스를 활용해 수익을 내는 대표적인 사이트로는 뽐뿌(www.ppomppu.co.kr)가 있다. 뽐뿌는 큰 커뮤니티면서 각종 핫딜이 올라오는 꽤 유명한 커뮤니티 사이트다. 그곳에서 사용자가 올리는 쇼핑몰 링크는 모두 링크프라이스를 거친다. 이곳에서 사람들이 공유한 제품을 구입하면 사이트 운영자에게 수익이 생기는 방식이다. 참고로 링크프라이스처럼 다양한 쇼핑몰 사이트를 모아놓고 중간 수수료를 취하는 해외 사이트로는 CJ(www.cj.com)와 빅링크(www.viglink.com)가 있으니 해외 제휴마케팅을 적극적으로 시도해보고 싶다면 알아두는 것이 좋다.

CPC (Cost Per Click)

CPC는 '클릭당 비용'이란 뜻으로, 내가 쓴 글에 있는 광고를 누군가가 클릭하기만 해도 광고료를 지급받는 형태다. 추가 행동이나 매출 발생이 아니라 단순하게 클릭만 하면 되니 굉장히 매력적이라고 생각하겠지만, 생각보다 쉽지는 않다. 네이버에서 운영하는 애드포스트(adpost)와 구글의 애드센스(adsense), 카카오의 애드핏(adfit) 등이 CPC에 속하는 제휴마케팅이다.

그러나 이 중에서도 우리가 사용하는 네이버 블로그에서는 페쇄 정책으로 인해 애드포스트 외에는 배너 광고를 사용할 수 없다. CPC를 제공하는 모든 기업은 광고주를 보호하기 위해 의도된 클릭, 즉 글 작성자 본인이 직접 광고를 누르는 행위처럼 광고 효과가 없는 무효 클릭을 제재하거나 강력하게 금지하고 있다. 네이버 블로그 사용자들도 서로의 블로그에 방문해서 품앗이로 광고 눌러주기를 하다가 계정 정지 또는 광고를 더 이상 넣지 못하도록 제재를 당한 적이 있다.

이는 어찌 보면 당연한 것이다. 마케팅 업체는 자신들의 플랫폼을 이용해 광고를 내면 효과가 있다는 것을 광고주에게 보여줘야 하며, 품앗이 등을 통해 광고비가 허투루 소모되지 않도록 광고주를 보호해야 하기 때문이다.

품앗이를 하는 블로그를 잡아내는 방법은 너무도 간단하다. CPC에는 클릭률이라는 것이 있다. 이를테면 1,000명이 내 블로그에 방문했을 때 그중에서 광고를 클릭하는 사람의 비율을 지표화한 것이다. 조회 수는 한 달 내내 계속 비슷한데 클릭률이 갑자기 상승한다면? 다른 블로그와 비교해 광고 클릭이 유난히 많이 일어나는 블로그가 있다면? 확인해보면 금세 알아낼 수 있다.

자유롭게 광고를 배치할 수 있는 구글 애드센스와 달리, 네이버 애드포스트는 몇 가지 형태가 정해져 있어 광고 클릭을 유도하는 설득하는 글쓰기를 할 경우 아주 잘 쓴 글이 아니고서야 클릭률이 갑자기 오르기는 어렵다. 네이버 애드포스트는 뒤에서 좀 더 자세히 다룰 예정이다.

CPC는 일단 트래픽(방문자 수 등의 지표)이 가장 중요하고, 관련 광고, 광고의 위치 등에 따라 클릭이 일어난다. 보통 1~2%의 클릭률이라는 것은 방문자 수가 1만 명이라면 그중에서 약 100~200명이 클릭한다는 것이다. 클릭률은 비교적 일정하므로 트래픽을 증대시키는 방향에 집중하면 수익은 자동으로 따라오게 되어있다.

그다음으로 신경 써야 할 점은 연관성이 있는 광고 송출이다. 내가 샴푸가 필요해서 검색하고 있는데 마침 샴푸 광고가 뜬다면 한 번쯤 그 광고를 눌러볼 수도 있다. 요즘은 인터넷 서핑을 하다 보면 대부분 빅데이터에 기반해 사용자에게 필요한 맞춤형 광고가 뜬다. 따라서 내 블로그의 주제 또한 광고의 주제와 깊은 관련이 있다. 육아 블로그라 해도 육아 이야기를 포스팅할 때는 포스팅 주제에 맞게 주로 육아용품에 대한 광고가 나올 것이고, 아이의 통장 개설에 관한 이야기를 쓴다면 금융 광고가 나올 수도 있다. 기본적으로 자동차, 금융, 보험, 대출 관련 광고는 단가가 비싼 편이다. 그래서 같은 방문자 수를 가지고 있더라도 육아 블로그와 경제 블로그의 광고 수익은 차이가 있다.

또한 광고의 위치도 중요하다. 내가 어떤 문제를 겪다가 특정 제품을 사용해보니 문제가 해결되었다는 이야기 바로 밑에 해당 제품 광고가 나온다면 사람들은 그 광고를 클릭해볼 것이다.

그런데 글을 다 마치고 나서 마지막에 해당 광고가 있다면 어떨까? 이미 중간에 정보만 빠르게 취하고 이탈한 사람들은 광고를 볼 수조차 없다. 혹은 글을 끝까지 읽은 사람들도 이미 그 제품에 흥미를 잃거나 아예 필요성 자체를 느끼지 않을 수도 있다. 네이버는 광고 위치가 상단, 중단, 하단 등으로 정해져 있어서 자유롭게 배치하기 어렵지만, 구글 애드센스를 활용하는 사람들은 원하는 정확한 위치에 광고를 넣어서 클릭률을 높이는 전략을 활용하기도 한다.

CPM Cost Per Mile

CPM은 클릭이나 행동 없이 노출만으로도 광고료를 지불하는 형태다. 글의 중간에 있는 배너 광고를 사람들이 보기만 해도 수수료가 지급되므로 앞서 다룬 여러 방식에 비해서 쉬운 편이지만, 그만큼 단가가 매우 낮기에 많이 이용하지 않는다. 나 역시 구글 애드센스나 카카오 애드핏을 통해 타 플랫폼에서 CPM을 시도해본 적이 있는데, 금액이 너무 낮아서 현재는 하지 않고 있다.

나에게 맞는
제휴마케팅을 활용하자

블로그를 운영하면서 실제로 제휴마케팅을 접해보니 내 적성에 맞는 것과 맞지 않는 것을 분명하게 알 수 있었다. 누군가를 설득해서 개인정보를 얻는 행위는 내 적성에 맞지 않다. 현실에서도 남에게 무언가를 얻기 위해 직접 이야기하는 것을 선호하지 않는 편이다. 그래서 다양한 제휴마케팅 중에서 쿠팡파트너스나 아이허브 등 내가 실제로 제품을 사용한 리뷰를 통해 구매를 유도하는 CPS를 하게 되었다. 물론 CPA를 정말 잘하는 사람들은 글 몇 편으로 어마어마한 수익을 내기도 한다.

이처럼 제휴마케팅 중에서도 개인에게 맞는 것은 각각 다르므로 내가 어떤 제휴마케팅 방식에 흥미가 있고 잘할 수 있는지는 직접 해봐야 안다. 이를 위해 대표적인 제휴마케팅용 사이트 한두 곳 정도는 직접 가입해서 경험해보는 것이 좋다. 처음에는 제대로 설명하는 것도 어렵겠지만, 글쓰기 실력은 쓰면 쓸수록 분명히 늘기 때문에 점점 더 나아질 것이다. 이렇게 여러 시도를 통해 본인에게 맞는 방식을 찾아서 하는 것이 좋다. 다만 제휴마케팅에서 가장 위험한 요소인 저품질 키워드는 항상 조심하자.

쿠팡파트너스 수익형 링크를 우회해서 제시하는 방법

앞서 말한 것처럼 나는 제휴마케팅 중에서도 CPS, 특히 쿠팡파트너스를 자주 이용했다. 쿠팡파트너스 수익형 링크는 커뮤니티나 대형 사이트의 기준에 따라 제재를 받는 경우가 있으므로, 링크를 우회해서 제시하는 방법으로 앞서 설명했던 단축 주소, HTML 블로그 리디렉션, 서브 네이버 블로그 활용 등의 방법을 좀 더 자세히 설명하고자 한다.

단축 주소^{URL}

단축 주소는 말 그대로 수익형 링크를 짧은 형태의 주소로 변경해서 삽입하는 방식이다. 예전에는 수익성 링크를 단축 주소로 변환해주는 사이트를 통해서 짧은 주소로 변경 및 삽입해 글을 포스팅하면 네이버에서 노출할 수 있었다. 하지만 지금은 이 방법도 널리 알려져 대부분 통하지 않는다. 또한 쿠팡파트너스 수익형 링크의 개념도 대중에게 많이 알려져 이제는 링크 자체에 거부감을 느끼는 경우가 많아졌다.

그래서 지금은 네이버 QR코드 링크를 사용하는 사람들도 많다. 네이버 QR코드는 네이버에서 제공하는 QR코드 기능^{www.qr.naver.com}을 이용해 손쉽게 생성할 수 있으며, 주소 역시 'm.site.naver.com/○○○' 형식으로 만들어져서 안전한 링크로 보일 수 있다. 이에 더해 조회 수나 통계를 관리할 수도 있다.

HTML 블로그 리디렉션

두 번째 방법은 티스토리나 워드프레스처럼 HTML을 수정할 수 있는 블로그를 이용해 리디렉션(리다이렉트)을 하는 방법이다.

쿠팡파트너스의 수익형 링크를 네이버 블로그에 직접 삽입하는 것이 아니라 티스토리나 워드프레스 같은 다른 블로그(중간 블로그)에 먼저 올린다. 중간 블로그는 HTML 수정이 가능한 블로그로, 해당 블로그에 리디렉션 코드(다른 사이트로 바로 이동시켜주는 기능이 있는 코드)를 심어준다.

그리고 그 중간 블로그의 링크를 네이버 블로그에 달아주는 것이다. 그 예로 중간 블로그가 티스토리일 경우, 이렇게 하면 네이버 블로그에는 쿠팡파트너스의 수익형 링크가 달리지 않고 티스토리 링크만 달리게 되며, 티스토리에는 리디렉션 코드를 심었으므로 해당 링크를 클릭한 사람들은 1초 만에 쿠팡 사이트로 넘어가게 된다. 이 링크를 클릭하는 사람들은 티스토리를 거쳐서 쿠팡으로 이동하는 것이 아니라 바로 쿠팡 사이트로 간다고 착각하게 되므로 이탈률(해당 페이지에서 벗어나는 비율)을 줄일 수 있다.

하지만 이 방법 역시 그다지 추천하는 방법은 아니다. 티스토리의 경우 리디렉션 코드를 사용한 것을 다음[Daum] 측에서 알게 되면 정책 위반으로 티스토리 블로그를 폐쇄해버린다. 게다가 비교적 폐쇄 위험에서 안전한 워드프레스는 도메인이나 웹호스팅 비용이 추가로 발생해서 초보자가 구축하기에는 쉽지 않은 편이다.

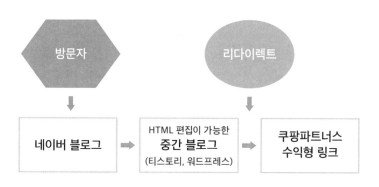

<티스토리나 워드프레스 등을 이용해 리디렉션하는 방법>

출처: 저자

서브 네이버 블로그 활용

세 번째 방법은 네이버 계정을 서브로 하나 더 만들어서 그곳에 수익형 링크를 삽입하는 것이다. 부계정은 저품질화의 위험을 감수해도 괜찮은 것으로 해야 한다. 서브 네이버 블로그에 쿠팡파트너스의 수익형 링크를 삽입해서 글을 작성하고, 본 블로그에는 해당 글의 링크를 삽입하는 것이다.

이렇게 하면 클릭자들이 수익형 링크를 클릭하기까지 한 단계를 더 거쳐야 해서 이탈률이 높아질 수 있다. 그러나 앞의 두 방법보다는 상대적으로 안전한 방법이다. 또한 공정위 문구를 부계정 블로그에 넣을 수 있다는 장점도 있다.

앞으로도 네이버의 로직은 계속 발전할 것이고, 사용자가 새로운 방법을 찾아내더라도 네이버 측에서 블로그를 악용하는 방법이라고 판단되면 언제든지 제재할 수 있다. 따라서 어떤 것이든 100% 안전하고 좋은 방법이라고 단언할 수는 없다. 다만 이렇게 운영하는 방식이 있다는 정도는 알아두면 좋다.

쿠팡파트너스 수익형 링크
추가 활용처

사실 쿠팡파트너스 제휴마케팅 활동으로 큰 수익을 올리는 사람들은 블로그뿐만 아니라 다양한 플랫폼을 이용한다. 유명 네이버 카페, 네이버 밴드, 단체 쪽지, 카톡방, 지식인, 다음 카페 등 다양한 곳에서 쿠팡파트너스 활동을 한다. 심지어 페이스북 페이지까지 만들어서 활동하는 경우도 있다. 지금은 유명 유튜버들도 제품을 추천하면서 쿠팡파트너스 활동을 겸하는 시대다. 수익만 잘 낼 수만 있다면 어떤 플랫폼이든 상관없다.

하지만 다른 플랫폼들은 쿠팡파트너스 수익형 링크를 활용하기가 비교적 어렵거나 까다로운 편이다. 지식인은 작성자가 글을 작성한 후에도 다른 계정으로 댓글을 다는 등 상위 노출을 위한 추가 작업이 필요하다. 페이스북 역시 페이지를 키우기 위해 많은 손품을 팔아야 한다. 다만 여기서 꼭 유의해야 할 점이 있다. 반드시 광고임을 명시해야 한다는 것이다. 단체 쪽지를 보낼 때도 광고라는 사실을 명시해야 하고, 지식인이나 밴드 등에 쿠팡파트너스 링크를 공유한다면 '쿠팡파트너스 활동을 통해 구매 시 수수료를 지급받을 수 있음'이라는 사실을 반드시 명시해야 한다.

쿠팡파트너스는 자사와 제휴마케팅을 진행하고자 하는 사람들을 위해 자체적으로 가이드라인을 만들어서 홈페이지를 통해 배포하고 있다. 이 가이드라인을 보면 가입부터 정산 및 주의사항까지 잘 설명되어 있으니, 쿠팡파트너스 제휴마케팅을 시작하고자 하는 분들은 한 번쯤 읽어보면 많은 도움이 될 것이다.

블로그 수익화 방법 2
- 블로그용 스티커

스마트폰이 일상화된 요즘은 카카오톡 덕분에 스티커나 이모티콘에 관한 관심이나 사용량이 크게 늘어났다. 이모티콘을 직접 제작해보는 실용서도 시중에 많이 출간될 정도로 스티커·이모티콘 제작의 진입장벽이 낮아졌다.

실제로 당장 카카오톡의 이모티콘 탭만 열어봐도 '이런 이모티콘이 과연 팔릴까?' 싶을 정도로 퀄리티가 떨어지는 것들이 있다. 하지만 분명한 사실은 그런 것들은 그만큼 분명한 개성이 있어서 판매가 이뤄진다는 사실이다.

카카오톡용 이모티콘 제작은 여전히 진입장벽이 높은 편이다. 하지만 네이버 OGQ^{Open Global Question}마켓이라면 어떨까? OGQ마켓은 네이버 플랫폼에서 이용할 수 있는 스티커, 이미지, 음원, 컬러링 시트 등의 디지털 콘텐츠를 개인이 직접 제작해서 판매할 수 있는 온라인 마켓이다. 즉 네이버에서 선호하는 창작 활동을 수익화할 수 있는 또 한 가지 방법이라 할 수 있다. OGQ마켓은 카카오톡보다 올라오는 창작물의 수가 상대적으로 적은 편인만큼, 승인에 대한 기준도 조금 더 관대하다.

나는 일명 '꽝손'으로 그림에 큰 소질이 없는 편이다. 사실 그림보다도 전반적으로 미술에 관한 소질이 많이 없는 편이다. 고등학교 1학년 미술 시간에 지점토로 낙타 머리를 만들었던 기억이 있다. 미술 선생님께서 내 작품을 보고 잘 만들었다며 B+라는 점수를 주시고 몸통까지 완성하고 색칠해서 작품을 제출하면 A+로 점수를 바꿔주겠다고 하셨다. 그런데 나중에 내가 완성한 낙타를 보더니 D라는 점수를 주고 가셨던 적이 있다.

지금도 나는 3살 딸에게 아기 상어 한 마리를 못 그려줄 정도로 그림을 못 그리는 편이다. 하지만 결론부터 말하면 나는 스티커 제작에 성공했고, 그 스티커는 지금도 아주 조금씩이지만 꾸준하게 팔리고 있다.

나에게 필요한 스티커는
직접 만들자

나는 처음부터 수익화를 노리고 스티커를 만든 것이 아니라 필요한 스티커를 제작했다가 이를 통해 수익화를 이룬 케이스다. 바로 공정거래위원회 문구 스티커다. 블로그 수익화를 위해 원고료나 협찬을 받고 포스팅을 진행할 때면 늘 똑같은 공정위 문구를 넣어야 한다. 단순 반복 작업인 만큼, 수많은 글을 포스팅하다 보니 어느 순간부터 자연스럽게 스티커를 찾아보게 되었다. 기존 OGQ마켓에도 다양한 공정위 문구 관련 스티커가 있었으나 내가 정확하게 원하는 문구를 담은 스티커는 없었다. 나는 제품만 지원받아서 쓴 포스팅, 제품과 원고료를 모두 지원받아서 쓴 포스팅, 원고료만 지원받아서 쓴 포스팅, 쿠팡파트너스나 아이허브처럼 제휴마케팅이 포함된 포스팅, 미용실이나 마사지 등 체험단 서비스를 제공받아서 쓴 포스팅 등 다양한 상황에 맞는 공정위 문구 스티커가 모두 필요했다. 만약 원하는 것을 다 충족하려면 스티커를 5개나 사야 하는 상황이라 차라리 내가 필요한 것은 내가 만들어서 쓰는 게 좋겠다는 생각으로 스티커를 만들게 되었다.

태블릿이나 펜이 없었기에 회사에서 쓰던 한글 프로그램을 열어서 상업적으로 이용 가능한 무료 폰트를 찾아서 글귀를 만들었다. 그리고 글귀에 색을 입히고 저작권이 없는 특수문자를 이용해서 살짝 디테일한 부분을 손봤다. 이렇게 완성한 글귀 스티커를 OGQ마켓에 올렸더니 처음에는 승인 거절을 당했으나 이후 아무런 조치 없이 다시 올렸더니 승인이 났다. 이로써 스티커 승인은 기계가 하는 것이 아니라 사람이 직접 하는 것이며 담당자마다 기준이 다르다는 사실까지 알게 되었다.

제작부터 승인까지,
판매용 스티커 만들기

블로그에서 주로 사용하는 스티커는 메인 이미지 1개와 스티커 이미지 24개 그리고 탭 이미지 1개까지 총 26개의 스티커로 구성된다. 각 이미지는 해상도가 규정으로 정해져 있다. 메인 이미지의 해상도는 240×240픽셀이고 파일명은 main.png로 저장해야 한다. 스티커 이미지의 해상도는 740×640픽셀이고 파일명은 1~24.png로 저장해야 한다. 마지막으로 탭 이미지의 해상도는 96×74픽셀이고 파일명은 tab.png로 저장해야 한다. 해상도는 보통 포토샵으로 조절하는 것이 편리하지만, 포토샵이 없다면 미리캔버스 같은 무료 사이트를 이용해도 충분히 조절할 수 있다.

마지막으로, 스티커 이미지의 배경을 제거해야 한다. 즉 원본 이미지에서 배경 부분을 제거하기 위해 피사체의 외곽선을 따라서 이미지를 잘라내야 한다. 배경을 제거하는 방법은 두 가지가 있다.

첫 번째는 웹사이트를 이용해서 간단하게 제거하는 것이다 리무브 사이트^{www.remove.bg/ko}에 이미지를 업로드해서 간단하게 배경을 제거할 수 있다. 하지만 이 방법은 컴퓨터가 자동으로 작업하는 것이므로 사람이 눈으로 확인해서 작업하는 것만큼 섬세한 결과물을 얻기는 어렵다. 웹사이트에서 만족스럽지 못한 결과물을 얻었다면 두 번째 방법으로 포토샵을 이용하는 방법이 있다. 포토샵을 이용해 배경을 제거하는 방법은 이미 다양한 매체에서 다루고 있으므로 여기서는 생략하고자 한다.

한편으로, 내가 제작한 스티커의 승인 확률을 높이기 위해서는 다음과 같은 디테일한 부분까지 신경 써주는 것이 좋다. 스티커가 승인을 잘 받으려면 정해진 해상도에 맞추면서 되도록 여백이 없도록 꽉 차고 크게 만들어야 한다. 또한 스티커에 글씨를 넣을 때는 글자가 눈에 잘 띄도록 만들어야 승인될 확률이 높다. 스티커를 만들 때는 대부분 크게 확대해서 작업하므로 실제 크기를 잘 체감하지 못한다. 그러나 나중에 제출했을 때는 너무 작거나 잘 보이지 않는다는 사유로 승인이 거절되는 경우가 많으므로 유의하자. 또한 스티커 배치는 자주 사용하는 스티커를 먼저 배치하는 것이 좋고, 의미 없는 이미지보다는 사용 목적이 명확하게 드러난 스티커가 좋다.

<실제로 직접 제작해서 네이버 OGQ마켓에서 판매한 공정위 스티커(메인 이미지)>

출처: 저자

소소하지만 꾸준한 파이프라인, 스티커 판매

내가 스티커로 낸 수익은 그리 크지 않다. 하지만 스티커는 한번 만들어놓으면 만든 지 꽤 오랜 시간이 지나도 조금씩이지만 꾸준하게 매출이 일어난다는 장점이 있다. 내가 만든 스티커도 한 종류지만, 여태까지 75건이라는 판매 실적을 올렸다. 스티커 하나당 1,000원이므로 75건의 판매 실적은 곧 7만 5,000원을 벌었다는 의미다. 그러나 OGQ마켓은 수수료로 35%라는 어마어마한 비율을 가져가므로 실제로 번 금액은 그리 크지 않다. 만약 내가 전문적으로 스티커를 판매해서 수익을 얻겠다고 생각한다면 여러 종류의 스티커를 만들고 여기저기서 홍보하는 것이 좋다.

스티커를 만들 때는 편견에 사로잡히지 말고 창작자의 마음으로 접근해야 한다. 즉 스티커는 항상 예쁜 그림이어야 한다는 사고방식을 벗어던지고 다양하고 창의적인 시선으로 접근해야 한다. 나는 내가 직접 사용하려는 목적에서 한글 프로그램으로 간단하게 제작했던 터라 이 정도 수익도 매우 신기했다.

지금도 내 블로그를 방문한 사람들이 내가 사용한 스티커를 보고 내 스티커를 구입하기도 한다. 하지만 스티커 제작 및 판매로 큰 수익을 내는 것은 비교적 어려운 일이므로 수익을 위해서 하는 작업이라면 굳이 많은 시간을 투자하지는 말자. 즉 나는 여러분에게 이런 수익화 방법도 있다는 것을 말하고자 하는 것이지, 무조건 스티커를 만들어서 판매하라고 강요하는 것은 절대 아니다. 스티커는 제휴마케팅에 비하면 수익성이 많이 낮은 편이므로, 관심이 없다면 참고만 해두는 것이 좋다.

OGQ마켓 둘러보기

OGQ마켓에서 판매하는 콘텐츠는 블로그뿐만 아니라 카페, 포스트, 라인 등 모든 네이버 플랫폼에서 사용할 수 있다. 네이버는 최근 국내 통신사 3사와 제휴해서 2022년 상반기 중으로 채팅플러스 OGQ마켓을 오픈할 예정이다. 채팅플러스 OGQ마켓을 이용하면 안드로이드 기반의 스마트폰을 사용하는 이용자들이 다른 앱을 따로 설치하지 않아도 기본 문자 메시지 기능에서 OGQ마켓의 이모티콘을 이용할 수 있다. 따라서 이 부분을 염두에 두고 차후 문자 메시지에서 사용될 스티커나 이모티콘을 만들어보는 것도 추천한다.

블로그 수익화 방법 3
- 각종 추천인 제도

다양하고 풍부한
추천인 제도의 종류

추천인 제도는 대개 특정 사이트에서 구매자나 가입자가 구매나 가입 행위를 할 때 추천인을 입력하면 해당 추천인이 일종의 보상을 받는 제도다. 보통 처음으로 출시되는 앱이나 쇼핑몰 사이트에서 홍보를 위해 추천인 제도를 실시하는 경우가 많은데, 그 종류가 매우 다양해서 일일이 다 언급하기는 어렵다.

추천인 제도를 활용해 수익을 얻고 싶다면 평소에 내가 사용하는 앱이나 사이트 등을 관심 있게 살펴보는 습관을 들이자. 아니면 추천인이라는 키워드로 네이버에서 검색 후 그 결과를 최신순으로 정렬하면 요즘 추천인 제도를 운영 중인 사이트나 앱을 발견할 수 있다.

또 다른 방법으로는 추천인 제도를 이용할 수 있도록 게시판을 열어놓은 네이버 카페(월급쟁이 재테크 연구 카페)나 커뮤니티 사이트

(뽐뿌)를 활용하는 것이다. 그곳의 게시글들을 보면 요즘 어떤 것이 새로 나왔고 인기가 있는지 알 수 있으므로 관심 있게 보다 보면 글감을 찾아서 수익을 낼 수 있다. 다음에서 다루는 추천인 사이트는 추천인 제도를 어떻게 활용하고 수익화할 수 있는지 내 경험을 예로 들어서 이야기한 것이므로 본인의 상황과 관심사 그리고 블로그 주제에 맞춰 추천인 제도를 선택해서 운영하면 된다.

또한 블로그의 성장세에 따라 수익은 천차만별이지만, 상위 노출이 되지 않더라도 롱테일 키워드로 방문자가 유입될 수 있으니 제목을 잘 지어서 추천인 제도에 도전해볼 수도 있다. 네이버 로직의 기준에 따라서 최신 글은 점점 뒤로 밀리기 마련이므로 일주일 내내 유입이 하나도 없다면 글을 한 번 더 써주는 것도 좋다.

베베쿡
- 원하는 이유식 마음껏 사기

원래 나는 아기 이유식을 집에서 직접 만들었으나 회사에 복직하게 되면서 아이를 어린이집에 보내게 되어 시판 이유식을 찾다가 베베쿡www.bebecook.com이라는 이유식 업체를 알게 되었다. 베베쿡은 추천인을 통해 신규로 가입한 후 이유식을 주문하면 구매자와 추천인 양쪽 모두에게 10%의 적립금을 준다. 비록 적립금을 현금화할 수는 없지만, 아기 간식이나 반찬류를 많이 판매하는 쇼핑몰이라 적립금을 모으면 육아에 큰 도움이 된다.

나는 지금까지 베베쿡의 추천인 제도를 잘 활용해서 첫째 아이는 배도라지즙, 아기 과자, 퓌레, 사골 육수, 아기 돈가스 등의 다양한 식품을 무료로 먹이고 있다. 그만큼 많은 상품을 구매했는데도 적립금이 차곡차곡 쌓여서 지금은 100만 원이 훌쩍 넘었다. 그간 배도라지즙 등 아기 음식을 꾸준히 구매하며 나름대로 쓴다고 썼는데도 적립금을 사용하는 속도보다 쌓이는 속도가 더 빨라서 결국 100만 원이 넘어버리고 말았다. 적립금이 너무 많이 쌓여서 조리원 동기나 아는 친구들에게 선물로 식품을 보내주기도 했다. 그래도 여전히 많이 남았다.

이제 이 적립금은 둘째 아이 이유식을 구매할 때 사용하려고 한다. 둘째 아이가 이유식을 먹으면 또 사진을 찍어서 글을 올릴 수 있고, 그 포스팅을 통해 추천인이 되어 다시 적립금이 쌓일 것이다. 게다가 베베쿡은 대부분의 쇼핑몰처럼 제품 금액의 일부만 적립금으로 구매할 수 있는 것이 아니라 전체 금액을 모두 적립금으로 쓸 수 있게 해줘서 항상 적립금만으로 제품을 구매하고 있다.

와디즈
- 다양한 신제품 써보기

내가 그다음으로 잘 활용했던 것은 와디즈^{www.wadiz.kr} 추천인 제도다.

와디즈는 텀블벅과 비슷한 펀딩 사이트인데, 아이디어에 기반한 제품 위주라 신기한 제품도 많고 평이 좋은 제품도 많다. 단 새로운 제품 위주기에 기성품보다 성능이 떨어지는 제품일 확률도 있고, 가격이 비싼 제품도 종종 있어서 구매 시에 신중을 기하는 것이 좋다.

나는 와디즈에서 개인적으로 돈을 주고 무언가를 구매한 적은 한 번도 없지만, 추천인 제도로 모은 포인트로 많은 제품을 구매했다. 다만, 와디즈의 적립금은 유효 기간이 짧은 것이 단점이라 많이 모이기 전에 사용해야 해서 한번에 5만~6만 원 이상은 쓸 수 없었다. 하지만 이곳 역시 전체 금액을 모두 포인트로 쓸 수 있으며 다양하고 신기한 제품이 많다.

와디즈의 추천인 제도는 다른 사람이 내 추천 링크나 코드를 통해서 와디즈에 가입하면 나에게 5,000원을 적립해주는 제도다. 추천인 제도를 위해 포스팅한 지 3~4개월 만에 꽤 많은 추천인 적립금이 쌓여서 20가지 정도의 물품을 살 수 있었다. 강아지 여행 지도, 초경량 우산, 각종 음식, 화장품, 휴대용 청소기, 프라이팬 세트, 아기 클렌저, 타월, 스테인리스 반찬통, 아기 식기, 남편 옷 등 다양한 제품을 무료로 구매했다. 그간 구매한 것을 금액으로 환산하면 50만~60만 원가량 된다.

지금도 내 와디즈 계정에는 계속 추천인 적립금이 쌓이고 있어서 이제는 필요한 물품이 생기면 같은 종류의 물건이 있는지 와디즈에 먼저 검색해보곤 한다. 그리고 마음에 드는 제품이 있다면 적립금으로 구매해서 쓴다.

아하 토큰
- 가상화폐를 현금화하기

아하^{www.a-ha.io}는 지식 공유 사이트의 일종으로, 네이버 지식인과 비슷한 사이트다. 예전의 지식인은 누구나 답변을 달 수 있는 시스템이었으나 광고가 넘치자 이를 막기 위해 인증받은 전문가가 답변할 수 있도록 시스템을 개선했다. 아하 사이트에서도 지식인과 비슷한 활동이 이뤄지며, 보상으로 아하 토큰이라는 가상화폐를 준다. 아하 이용자는 추천인 또는 출석 체크와 지식 활동에 대한 보상으로 아하 토큰을 지급받을 수 있다.

아하는 처음 서비스를 공개할 때 홍보를 위해 추천인 제도를 도입했다. 나는 이 추천인 제도를 이용해 한 달이라는 짧은 시간 안에 거의 50만 원가량의 아하 토큰을 적립했다. 당시 아하 토큰의 가격은 1개에 35원이었고, 추천인 1명당 120개의 토큰을 지급했다. 대부분의 사람은 출석 체크나 사이트 활동을 통해 꾸준하게 토큰을 모았지만, 나는 추천인 제도를 이용해 상대적으로 토큰을 쉽게 모았다. 이렇게 모은 아하 토큰은 이후 현금으로 인출했다.

지금은 내 글의 순위가 밀려서 토큰이 그렇게 많이 쌓이지는 않지만, 그래도 가끔 누군가가 나를 추천인으로 등록해줘 아하 토큰이 조금씩 쌓이고 있다. 아하 토큰은 가상화폐이다 보니 시세가 계속 바뀌어서 금액이 자주 오르내리지만, 이를 감안해도 한 편의 글로 꽤 괜찮은 수익을 냈다고 하겠다.

청소연구소
- 집 청소와 수익을 동시에 만들기

그간 육아에 지치기도 했고, 회사에 복직하면서 집 청소를 할 시간이 좀처럼 나지 않아서 일주일에 한 번씩 청소연구소www.cleaninglab.co.kr 라는 플랫폼을 통해 청소 매니저를 고용했다. 청소연구소 역시 추천인 제도의 일종인 친구추천 쿠폰이 있어서 누군가가 내 추천인 코드로 가입하면 나에게도 5,000원짜리 쿠폰을 지급해준다. 나는 추천인 제도를 포스팅해서 생기는 쿠폰을 매주 적용해서 남들보다 5,000원씩 저렴하게 매니저를 고용할 수 있었다. 나중에 보니 이렇게 쌓인 쿠폰만 해도 거의 1,000개에 육박했다. 청소연구소에 쿠폰이 너무 많아서 기한 내에 다 사용할 수 없을 것 같아 기한을 연장해달라고 요청했더니 후기를 잘 써줘서 고맙다며 1회 무료 이용권을 지급해줬다.

추가로, 이후 청소연구소는 토스와 손을 잡고 이벤트를 진행했다. 추천 링크를 통해서 가입하고 청소까지 완료하면 토스 포인트 1만 원을 지급해주는 이벤트였다. 토스 포인트는 현금과 동일하게 수수료 없이 바로 내 통장으로 이체할 수 있는 포인트다. 다만 한 사람당 5명까지만 가능하다는 제한이 있어서 내 아이디로 5만 원, 남편 아이디로 5만 원을 적립해서 출금했다. 3개월 동안 진행했던 이벤트라 매달 10만 원씩 총 30만 원을 현금화할 수 있었다. 청소를 하면서 수익까지 낼 수 있었던 사례.

쿠팡이츠
- 배달하지 않고도 수익 내기

내 남편은 취미 겸 운동 삼아 가끔 쿠팡이츠 배달 파트너를 할 때가 있다. 어느 날 판교에 있는 버거킹 지점에서 햄버거를 먹으려고 남편과 차를 끌고 함께 나왔는데, 갑자기 남편이 지금이 배달 피크타임이니 햄버거를 사 먹고 3건만 배달 파트너를 해보자고 제안했다. 신기하기도 하고 재미있는 경험이 될 것 같아서 그러자고 했다. 그렇게 나는 남편과 함께 즐겁게 배달을 마쳤는데, 나중에 알고 보니 당시 쿠팡 배달 파트너는 추천인 제도를 통해 배달 파트너로 신규 가입하고 배달을 완료하면 가입자와 추천인에게 모두 1만 원씩 적립해주는 이벤트를 진행하고 있었다.

배달 파트너 활동을 마치고 이벤트를 겨냥해 그날 남편과 배달했던 경험을 블로그에 상세하게 쓰고, 이런 이벤트가 있다고 사람들에게 소개했다.

그날 3건의 배달을 통해서 벌었던 돈은 약 3만 원이었으나 블로그에 글을 쓰고 두 달 후에 추천인 제도를 통해서 쌓인 포인트를 확인해보니 140만 원에 달하는 금액이 모여 있었다. 해당 금액은 소득세를 공제한 후 매주 쿠팡에서 내 계좌로 송금해줬다. 이를 통해 새삼 수익형 블로그의 위력을 실감했고, 내 글의 가치를 다시금 깨닫게 되었다.

그 외의
각종 추천인 제도

이 외에도 추천인 제도를 활용할 수 있는 다양한 앱이 있다. 라임^{lime}이라는 앱은 추천인 제도를 활용하면 롯데 포인트를 쌓아주는데, 이를 롯데 상품권으로 바꾸거나 롯데 계열사에서 현금처럼 사용할 수 있다. 브랜디^{www.brandi.co.kr}, 오늘의집^{ohou.se}이라는 쇼핑몰 역시 추천인 제도로 적립금을 쌓아주며 이를 쇼핑 시 사용할 수 있다. 엠브레인 패널파워^{www.panel.co.kr}는 설문조사 앱인데 추천인 제도를 통해 적립금을 쌓아서 현금으로 출금할 수 있다. 한 달에 300명까지 가능해서 나도 많을 때는 한 달에 20만 원을 현금으로 환급받았다.

다만 모든 추천인 제도를 쉽게 이용할 수 있는 것은 아니라는 점을 명심하자. 나 역시 항상 상위 노출에 성공하는 것은 아니다. 특히 라임은 노출 자체에 실패해 아무리 검색해도 뷰 탭에 내 글이 나오지 않는다. 하지만 그래도 롱테일 키워드로 종종 들어오는 사람이 있어서 미약하지만 꾸준하게 적립금이 쌓이고 있다.

또 하나 내가 놓쳤던 것으로 네이버 플러스 멤버십과 관련된 추천인 제도가 있다. 나는 성공하지 못했지만, 지인은 이것으로 짧은 기간에 100만 원을 벌었다고 한다. 여기에서 언급한 것 외에도 추천인 제도를 운영하는 곳은 수없이 많으므로 본인이 손품을 팔아서 자기에게 맞는 것을 찾아보자.

블로그 수익화 방법 4
- 동영상 수익

네이버TV 기능을 활용해
동영상 올리기

흔히 체험단 활동을 하거나 제품을 리뷰할 때 글에 짧은 영상이나 움짤을 넣는 경우가 종종 있다. 물론 넣지 않는 리뷰도 많지만, 가이드라인에 영상 1회를 넣어달라고 명시한 곳도 많다. 그 외에도 그냥 내가 쓰고 싶은 것을 포스팅할 때도 영상이 들어가는 경우가 종종 있다. 이때 영상을 그냥 올리지 말고 네이버TV 기능을 활용해서 올리면 소소하게나마 수익을 창출할 수 있다.

기본적으로 네이버TV에서 수익이 발생하려면 구독자 300명 달성, 플레이 시간 300시간이라는 기준을 충족해야 한다. 얼핏 보면 까다로운 기준인 것 같지만, 구독자 1,000명 달성에 플레이 시간 4,000시간을 요구하는 유튜브에 비하면 아주 쉽게 달성할 수 있는 기준이다. 하루에 조금씩 해도 한 달이 채 걸리지 않는다. 심지어 네

이버TV는 서로 구독해주기도 하면서(맞구독) 플레이 시간을 늘릴 수
도 있고, 배우자나 가족의 스마트폰이나 지인을 통해 플레이 시간을
달성하면 금방 조건을 맞출 수 있다.

　또한 이 조건을 충족하기 위한 맞구독용 네이버 카페 등도 많이
활성화되어 있다. 당장 네이버에 '네이버TV 맞구독'이라는 키워드로
검색하면 서로 구독해줄 사람을 많이 구할 수 있다. 나 역시 내 블로
그에 구독 홍보를 올렸는데, 1년이 훨씬 지난 지금도 종종 구독을 요
청하는 댓글이 달린다. 이를 보면 지금도 여러 사람이 꾸준히 하고
있다는 것을 알 수 있다.

네이버TV 크리에이터
시작하기

네이버TV는 네이버 아이디만 있으면 쉽게 개설할 수 있다. 검색창에
서 네이버TV를 검색하고 크리에이터 스튜디오에 들어가 채널 개설
을 신청해서 채널을 만들면 된다. 절차가 쉬운 편이라 딱히 만드는
법을 설명할 게 없지만, 채널 개설 기준은 한번 짚고 넘어가고자 한
다. 네이버TV는 타 콘텐츠 플랫폼(블로그, 카페, 유튜브 등)에서 구독자
나 이웃, 팬 등이 100명 이상 있어야 개설할 수 있다. 우리는 주로 블
로그를 이용하고 있으니 이웃을 100명 만들고 시작해야 한다. 이때
유의해야 할 점은 내가 이웃을 신청하는 것이 아니라 나를 이웃으

로 추가한 사람이 100명 이상이어야 한다는 것이다.

다행히 블로그에는 서로이웃이라는 제도가 존재하므로 내가 적극적으로 이웃 신청을 한다면 100명을 달성하는 것은 그리 어렵지 않다. 처음에 나는 이 사실을 모르고 신청했다가 채널 개설 신청을 반려당했다. 그래서 막아놨던 서로이웃 기능을 풀고 하루 만에 이웃 100명을 달성한 뒤 재신청해서 바로 승인받을 수 있었다.

<네이버TV 채널 개설 신청 반려 예시>

출처: 네이버TV

채널 승인이 이뤄지면 그 후에는 별다를 것이 없다. 그냥 동영상을 업로드하고 블로그에 올리기만 하면 된다. 그다음에는 광고 승인 조건을 빠르게 달성해서 수익을 창출하면 된다. 출금은 매월 16일부터 26일 사이에 신청할 수 있고, 수익금은 입금 신청을 한 다음 달 6일에 입금된다.

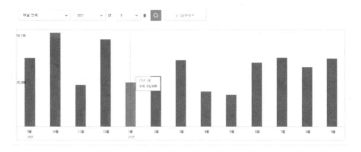

<네이버TV 수익 관련 지표 예시>

출처: 네이버TV

포스팅용 동영상은
부담 없이 올리자

일단 광고 송출 조건을 달성하기만 하면 그때부터 1분이 넘는 모든 동영상에 광고가 달린다. 네이버의 광고 단가는 유튜브에 들어가는 구글 애드센스보다는 저렴한 편이지만, 앞서 말했듯이 우리의 주 수익원은 영상이 아니므로 특별하게 공들여서 편집할 필요는 없다.

예를 들어서 기저귀를 리뷰하면서 흡수력 테스트를 위해 1분짜리 영상을 찍었다고 가정해보자. 그 영상을 있는 그대로 네이버TV에 업로드하고 그 링크를 내 블로그에 달면 된다. 이렇게 하면 해당 기저귀 제품의 흡수력이 궁금한 사람들은 영상을 눌러볼 것이다.

이런 식으로 리뷰를 위해 들어가야 하는 영상 중에서 길이가 1분이 넘는 것들은 네이버TV 기능을 활용해 포스팅에 삽입하면 추가 수익을 낼 수 있다. 그러니 1분이 넘지 않는 영상이더라도 되도록 길이는 1분을 맞춰서 올리도록 하자. 나는 처음부터 수익화를 위해 네이버TV를 시작하지는 않았다. 다만 아기의 육아 일기용 성장 영상을 포스팅하려고 영상 촬영을 시작했다가 해야 할 일이 너무 많고 편집에 시간이 오래 걸려서 간단한 영상을 올리는 수준이었다.

이후 1년이 넘도록 제대로 된 영상을 올리지 않았는데도 기존 영상 만으로 한 달에 치킨값 이상의 수익이 들어오고 있다. 물론 그 수익은 성장 영상에서만 나오는 것이 아니다. 포스팅에 삽입한 아기 머리 감기기 영상이나 아기 띠 착용법 등의 첨부 영상에서도 수익이 나고 있다. 글로 하는 설명보다 영상을 통해 자세히 보고 따라 해야 하거나 사람들이 궁금해서 보고 싶은 영상에서 수익이 나는 것이다. 예를 들어서 오토 폴딩이 되는 유모차를 리뷰하면서 오토 폴딩 영상을 올리면 대부분의 사람이 영상을 볼 수밖에 없다. 이런 방식으로 포스팅에 네이버TV를 적극적으로 활용해야 한다.

나는 영상을 통해 모인 수익은 매월 출금하지 않고 모아서 2~3개월에 한 번씩 10만 원 내외의 금액이 되었을 때 출금하고 있다. 그냥 가볍게 영상을 찍고 굳이 편집하지 않고 올려도 된다. 글의 이해도를 높여주는 영상, 주제와 관련 있는 영상이라면 뭐든지 좋다. 영상을 통해 체류 시간 증가는 덤으로 얻을 수 있다. 하지만 특별한 목적 없이 단지 상위 노출을 위해 이미지를 짜깁기한 영상을 넣는다면 오히려 글의 신뢰도를 떨어뜨릴 수 있으니 의미 없는 영상을 일부러 넣는 행동은 하지 말자.

내 영상 중에서 가장 많은 수익을 낸 영상은 바로 코니 아기 띠 착용법이다. 코니 아기 띠는 호불호가 많이 갈리고 초보 엄마가 착용하기에는 다소 어려움이 있는 제품이다. 나 역시 처음 사용 시에 어려움을 겪었던 기억이 있어서 블로그에 관련 내용을 영상과 함께 포스팅했다. 이후 많은 사람이 네이버에 코니 아기 띠 착용법이라는 키워드를 검색해서 내 블로그에 들어왔고, 내가 직접 착용한 모습을 올린 영상을 클릭했다. 이런 영상은 시청 목적이 명확하므로 대부분의 사람이 앞에 나오는 광고가 약간 거슬린다 해도 충분히 기다려준다.

이렇듯 봐야 하는 목적이 명확한 영상에서 수익이 잘 난다. 종이접기, 큐브 조작하기, 요리하기 등 방법을 알려주거나 시청자가 보면서 따라 해야 하는 영상이 좋다. 영상 업로드 시 광고 송출 조건을 한 번만 만족하면 소소하지만, 끊임없이 영상으로 수익을 낼 수 있으므로 되도록 필요하다면 영상을 포스팅에 넣는 것이 좋다. 다만, 블로그의 정보 전달 매체는 글이다. 만약 주력 매체를 영상으로 하고자 한다면 유튜브가 더 적합하다는 사실을 기억하자. 즉 영상 편집이나 촬영하는 데 시간을 너무 많이 뺏기는 주객전도 현상은 지양해야 한다.

블로그 수익화 방법 5
- 프리랜서 영업

나에게 필요한 것은
먼저 제안해보자

첫째 아이 돌잔치를 준비할 때의 일이다. 돌잔치 업체와 상담하다가 해당 업체에서 진행하는 후기 이벤트가 있다는 것을 알게 되었다. 그냥 일반적인 후기 이벤트는 5만 원 상당의 상품권을 제공했지만, 나는 마케팅 담당자에게 내 블로그를 보여주면서 더 큰 폭의 할인을 제안했다. 당시 이미 내 블로그가 꽤 성장해 있던 터라 담당자는 내 제안을 흔쾌히 받아들였다. 그 덕분에 식비 할인과 기타 여러 할인을 받아 남들보다 더 저렴한 가격에 돌잔치를 진행할 수 있었고, 차후 상품권도 받았다.

또한 돌잔치 답례품으로 수건을 준비하는 과정에서도 답례품 업체에 내가 먼저 광고를 제안해 꽤 많은 할인을 받았다. 이처럼 대부분의 업체에는 마케팅 담당자가 있다. 이런 마케팅 담당자들은 블로그 광고를 많이 알고 있고, 자사의 광고 수단으로 자주 이용하는 편이라 블로거가 좋은 조건을 제시한다면 적극적으로 수용하는 곳이 많다. 물론 대기업이라면 광고와 관련된 부분을 마케팅 업체에 아예 일임해버리므로 블로거를 직접 상대하지 않을 때도 있다. 하지만 대기업이 아니라면 내가 필요한 것들은 해당 업체에 먼저 적극적으로 제안해보는 것도 좋다.

제안처는 다양하다. 온라인뿐만 아니라 오프라인, 즉 내가 다니는 미용실, 네일아트숍, 각종 음식점 등에도 내가 먼저 제안할 수 있다. 나는 내 블로그를 바탕으로 광고 제안서를 만들어서 동네 상점에 뿌리는 것은 어떨까 하고 생각해본 적도 있다. 이처럼 블로거와 업체가 직접 계약을 통해 블로그 광고를 진행한다면 마케팅 업체를 중간에 두고 블로그 광고를 진행하는 것보다 훨씬 단가가 저렴하고 상위 노출의 가능성이 높을 것이다. 그러니 블로거 입장에서는 기본 금액을 정하고 노출 시 인센티브를 받는 방식으로 진행하는 것도 괜찮지 않을까 싶다.

이런 추세에 맞춰서 요즘은 예전과는 달리 체험단 활동을 직접 운영하는 블로거들이 많이 늘어나고 있다. 동네 상점을 먼저 찾아가서 블로그 마케팅을 제안하고, 온라인상에서 체험단을 모집하는 것이다. 그리고 본인은 해당 상점에 수수료를 받는 방식으로 수익을 창출하는 사람들이 점점 늘어나고 있다. 온라인 마케팅이 활성화된 시대이고 블로거도 프리랜서인 만큼, 이런 식으로 영업 활동을 하는 것은 수익화에 큰 도움이 된다.

내 블로그가 어느 정도 성장한 시기에 광고비로 세탁 세제 1통을 주면서 글을 써달라는 협찬 메일을 받았다. 이런 경우에는 단가가 맞지 않는다며 그냥 무시하기보다는 역제안을 하는 것도 좋다. 앞에서 이야기했던 것처럼 해당 업체에 역으로 제안하는 메일을 보내는 것이다.

물론 업체에서는 당연히 회사의 기준이나 블로그의 수준에 따라 인건비를 책정할 것이다. 다만 본인이 판단하기에 내 블로그 성장세와 업체의 광고비 제안의 차이가 크다면 알맞다고 생각하는 만큼의 원고료나 제품을 정중한 자세로 협상해보자.

이럴 때는 일단 내 블로그에 먼저 제안한 것은 업체이므로 해당 업체의 마케팅 담당자도 내 제안을 충분히 고려해볼 것이다. 일반적으로 포스팅 시 광고비는 원고료로 지급받는 편이라고 이야기하면 담당자가 원고료 관련 협의를 진행하거나 회사 내부 규정에 따라 원고료를 지급할 수는 없고 그에 상응하는 제품을 주겠다고 답변하기도 한다. 그래도 잘 협상한다면 세탁 세제 1통으로 끝날 뻔했던 제안이 5통으로 늘어날 수도 있다.

본인의 역량과 상황을 잘 파악해서 업체와의 적절한 협의가 필요하다고 생각한다면 반드시 역제안을 해보자. 나는 주로 다음과 같은 문구로 역제안을 한다.

> **"**
>
> 안녕하세요. 광고성 리뷰의 경우
> 보통 원고료 0~00만 원 사이의 금액으로 제안을 받고 있습니다.
> 해당 금액에 상응하는 제품 또는 원고료 지급을 검토해주시면 감사하겠습니다.

마케팅의 기본,
제안서 작성하기

첫째 아이를 키우면서 아이가 자랄 때마다 쓰지 않는 육아용품을 모두 버리거나 중고 매물로 팔아버렸다. 그런데 생각보다 둘째 아이를 빨리 갖게 되어 다시 많은 육아용품이 필요했다. 필요한 육아용품 목록을 정리해서 해당 육아용품 업체들에 협업을 제안하는 메일을 보냈다. 대부분의 육아용품 업체는 이미 마케팅 업체와 거래를 하고 있어서 제안 메일을 읽지 않는 경우도 많았다. 그래도 몇 군데에서는 연락이 오리라 기대하며 꾸준히 제안서를 보냈다. 시간이 지나서 곰곰이 생각해보니 블로그 리뷰를 위해 제품을 협찬해달라고만 써서 메일을 보내면 답신을 받기 어렵겠다는 생각이 들었다. 즉 제안서의 필요성을 느끼고 나서 제안서를 만들게 되었다.

제안서라고 해도 대기업 제안서처럼 특별한 양식을 갖춰야 한다거나 전문 용어를 써야 하는 것이 아니다. 나는 내 블로그에 대한 전반적인 소개와 그동안 몇 편의 육아용품 관련 포스팅을 했는지, 또

나에게 원고료를 지급하고 제품을 제공하는 업체들의 리스트와 이를 통해 해당 제품 포스팅이 어떻게 노출되었고 성과가 어떤지에 관해 간략하게 작성했다.

제안서에 들어가면 좋은 항목으로는 블로그 이름, 방문자 수, 주제, 소개 및 장점, 구체적인 제안 사항(원하는 것), 내가 받는 원고료 금액이나 제품의 가격, 체험단 활동으로 마케팅을 진행하는 것보다 나와 협업했을 때 얻을 수 있는 장점 등이 있다. 이 외에도 블로거로서의 나를 어필할 수 있는 내용이라면 뭐든지 좋다.

이런 내용을 적어서 해당 업체의 마케팅 담당자에게 발송해보자. 물론 처음부터 큰 기대를 해서는 안 된다. 그래도 마케팅 업체를 이용하지 않고 자사의 제품을 직접 홍보하는 업체들은 제안서를 검토해볼 것이다. 나는 이 제안서를 바탕으로 신생아 속싸개 업체인 스와들업 업체로부터 약 16만 원 상당의 제품 협찬을 약속받았다.

블로그 수익화 방법 6
- 그 외의 다양한 파이프라인

네이버 블로그를 운영하면서 공식적으로 게재할 수 있는 유일한 광고는 네이버 애드포스트다. 네이버 애드포스트 신청 기준은 블로그를 개설한 지 90일이 지나야 하고 전월 누적 기준으로 포스팅 50개 이상, 평균 일일 방문자 수 100명이다. 한 번 승인받으면 그때부터 광고를 달 수 있는데, 주로 내 글의 주제와 일맥상통하는 광고가 달리므로 주제에 따라 수익이 천차만별이다.

내 블로그는 일일 방문자 수가 평균 1만~1만 3,000명 사이지만, 한 달 광고 수익은 40만~70만 원 정도다. 하지만 같은 방문자 수더라도 경제나 금융 주제를 다루는 블로그의 수익은 이보다 훨씬 높다. 이는 광고 단가의 차이 때문이므로 어쩔 수 없다. 물론 그렇다고 해서 광고를 서로 눌러주는 품앗이, 혹은 스스로 광고를 누르거나 지인을 통해 눌러달라고 요청하는 행동은 당연히 하지 말아야 한다. 네이버에서는 이미 해당 행동을 제재하겠다고 공지했고, 실제로 적발되어 광고를 넣지 못하게 된 블로거들도 생겼다.

네이버 애드포스트를 통해 발생한 수익은 네이버페이와 계좌로 지급받을 수 있는데, 네이버페이의 경우 1회당 최소 100원부터 최대 5만 원 이하까지 신청할 수 있으며 보유 한도는 200만 원이다. 반면에 계좌로 지급받을 시에는 누적 금액이 5만 원 이상이어야 한다. 해당 금액은 매월 25일에 지급되고 누적 금액이 12만 5,000원을 넘어가면 8.8%의 세금을 공제한다.

공공기관 서포터스
- 공익과 수익을 동시에 획득

공공기관에서 종종 블로그 서포터스를 모집할 때가 있다. 주로 해당 공공기관의 홍보나 기타 목적을 위해 활동에 따라서 원고료를 제공하는 형태다. 예전에 식품안전정보원에서 진행했던 블로그 서포터스는 3개월이라는 기간에 활동비 75만 원을 혜택으로 주고 우수 서포터스에게는 상금 90만 원 상당을 지급하기도 했다. 공공기관의 블로그 서포터스 활동은 해당 기관의 올바른 정보를 대중에게 전달할 좋은 기회기도 하고 정보성 포스팅을 할 수 있다는 장점도 있다. 그러니 주기적으로 꾸준하게 공공기관에서 진행하는 블로그 서포터스

공지가 올라오는지 확인해볼 필요가 있다.

　공공기관 블로그 서포터스 활동은 일반 블로거보다는 취업을 준비하는 사람, 휴학생, 대학생들에게 인기가 많다. 주로 공모전 관련 사이트 위비티^{www.wevity.com}나 포털 사이트 카페(공취사, 스펙업)에서 공고를 확인할 수 있다. 일반인을 대상으로 하는 경우는 많지 않지만, 그래도 종종 있는 편이므로 최소한 한 달에 한 번 정도는 확인해보는 것이 좋다. 시간상 여유가 없다면 내가 자주 가거나 관심 있는 우리 동네 지자체 기관 정도만 고려해보는 것도 좋다.

카카오뷰
- 블로그 유입량 증가

카카오에서는 2021년경에 야심 차게 카카오뷰라는 창작 콘텐츠 플랫폼을 내놓았다. 많은 사람이 사용할 수 있도록 버튼의 위치도 카카오톡 하단 가운데에 배치했다. 카카오뷰의 창작 센터^{www.creators.kakao.com}에서 나만의 채널과 보드를 만들 수 있는데, 서비스를 시작한 지 얼마 지나지 않아 수익 창출을 할 수 있도록 개편이 이뤄졌다. 그래서 카카오뷰도 하나의 파이프라인이 되었다. 카카오뷰 역시 네이버 애드포스트나 구글 애드센스처럼 광고를 달 수 있는 기준을 충족해야 한다. 나이가 만 19세 이상이면서 누적 친구 수 100명 이상이 그 기준이다. 또 기존에 포스팅한 보드(콘텐츠) 수가 10개 이상 되어야 광고를 달 수 있다.

만약 한 가지 주제로 블로그를 운영하는 중이라면 카카오뷰도 함께 활용할 수 있다. 블로그에 작성한 포스팅의 링크를 카카오뷰에 넣어주면 되기 때문이다. 카카오뷰로 포스팅한 글은 카카오톡을 통해 사람들에게 노출되며, 링크를 통해 네이버 블로그 유입까지 기대할 수 있다. 최근에 카카오뷰 플랫폼을 잘 활용한 사람들은 방문자 수가 소폭 상승해 이득을 봤다고 한다. 따로 글을 다시 써야 하는 것이 아니라 블로그에 작성한 글을 다시 공유하기만 하면 되므로 어렵지 않다.

카카오뷰의 수익은 큐레이션 수익과 광고 수익으로 나눠지는데, 우리가 네이버 블로그를 카카오뷰에 재발행하면서 얻을 수 있는 수익은 큐레이션 수익이다. 뷰 에디터의 콘텐츠 큐레이션을 보고 사람들이 어떻게 반응했는지에 따라서 수익을 배분해주는 것이다. 이를테면 좋아요, 댓글, 체류 시간 등을 종합해서 파악한다.

한편으로, 광고 수익은 카카오의 플랫폼인 브런치, 티스토리, 카카오TV, 다음 뉴스, 콘텐츠 뷰를 활용해 창작 활동을 했을 때 얻을 수 있는 수익이다. 각각의 플랫폼을 카카오뷰와 연동하면 자체적으로 광고가 달리므로 그 광고에서 나오는 수익을 얻을 수 있다.

이 외에도 카카오뷰 플랫폼을 통해 무조건 큐레이션 수익만 얻을 수 있는 것이 아니라 트래픽 증가로 네이버 애드포스트나 제휴마케팅 수익도 함께 늘어날 수 있으므로 카카오뷰 플랫폼에도 관심을 가져보자.

구글 애드센스
- 추가 수익 루트

앞서 다룬 부분을 다 경험한 후 추가 파이프라인을 원한다면 구글 애드센스를 염두에 둘 수 있다. 이미 쿠팡파트너스 링크를 다루면서 구글 애드센스 이야기를 한 적이 있지만, 여기서 추가 파이프라인으로 구글 애드센스 이야기를 한 번 더 자세하게 다뤄보고자 한다. 구글 애드센스는 구글에서 운영하는 광고로 HTML 편집이 가능한 플랫폼에 삽입할 수 있는 광고다. 즉 광고를 원하는 대로 배치할 수 있어서 사람들이 클릭하기 적당한 곳에 넣어서 클릭률을 높일 수 있다.

대부분의 블로거는 네이버 블로그를 운영하므로 광고 시스템으로 네이버 애드포스트를 많이 알고 있다. 하지만 그 외에도 다양한 광고 시스템이 있는데, 대표적인 것이 구글의 애드센스다. 사실 우리가 키워드를 검색해서 어떤 블로그나 사이트, 뉴스와 같은 웹페이지에 들어갔을 때 가장 많이 접하는 광고가 바로 구글의 애드센스다. 주로 여기저기 배치되어 있고 어떤 때는 팝업 창으로 뜨기도 하며 전면 광고, 앵커 광고(고정 광고) 등 다양한 형태로 광고를 보여줘 사용자의 수익을 극대화한다. 이 때문에 애드센스는 타 광고에 비해 자유도가 높고 단가가 좋다는 평이 있다. 그래서 광고 클릭만으로 큰돈을 버는 사람들은 대부분 구글 애드센스를 이용하고 있다.

구글 애드센스를 가장 효율적으로 활용할 수 있는 플랫폼은 다음의 티스토리다. 티스토리는 이제 카카오와 병합되어 카카오 아이디로 티스토리 블로그를 생성할 수 있다. 구글 애드센스 역시 네이버 애드포스트처럼 광고 노출 시 지켜야 할 조건이 있다. 다만 네이버 애드포스트에 비해 상대적으로 절차가 까다로운 편이라 '애드고시'라는 별칭도 있다. 또한 초기 설정이 조금 복잡하고 알아야 할 것들이 많다. 하지만 지금은 인터넷에 구글 애드센스 관련 정보가 매우 많으므로 천천히 하나씩 따라 하다 보면 어렵지 않게 할 수 있다. N잡러들이 가장 많이 사용하는 패시브 인컴 방법 중 하나가 구글 애드센스이니 만약 여러분의 네이버 블로그가 자리를 잡아서 여유가 생기면 블로그와 연계해 수익 창출에 도전해보자.

구글 애드센스의 장점

네이버 블로그의 수익화를 목표로 하는 사람이라면 언젠가는 구글 애드센스에 대해 알게 될 것이다. 당장 내 주변만 둘러봐도 대부분의 수익형 블로거는 구글 애드센스용 티스토리 블로그를 하나씩 가지고 있다. 구글 애드센스는 일반적으로 광고 대비 효율이 높고 광고 배치 자유도도 높은 편이라 상당히 매력적이다.

이 때문에 네이버 블로그를 운영하면서 네이버 애드포스트 수입에 만족하지 못한 블로거들이 구글 애드센스로 이동하기도 한다. 또 기존에 운영하던 네이버 블로그와 구글 애드센스를 연계해 수익을 내거나 운영 중인 네이버 블로그의 주제와 맞지 않을 경우에는 티스토리에 직접 포스팅해 부수입을 창출하기도 한다. 처음부터 고수익을 노리는 사람들은 보통 티스토리로 시작했다가 한계를 느끼고

워드프레스로 넘어가는 경우가 많지만, 단순히 구글 애드센스 활용이 목적이라면 티스토리 하나만으로도 충분하다.

티스토리는 네이버 블로그처럼 블로그를 생성하거나 글을 쓰기 쉬운 플랫폼이다. 다만 검색 시 노출되는 곳이 네이버가 아니라 다음이라서 좋은 포스팅이라 해도 키워드에 따라서는 생각보다 조회 수가 많이 나오지 않을 수도 있다. 티스토리의 유입량은 포털 사이트 다음이 압도적으로 가장 많고 그 외에도 네이버, 구글, 카카오톡 검색 등을 통해서 유입된다. 따라서 다음을 주로 사용하는 연령층에게 맞는 주제로 노출을 노리거나 구글과 카카오톡 유입을 염두에 두고 포스팅하는 전략이 좋다.

애드고시 합격 전략

구글 애드센스는 네이버 애드포스트처럼 승인받기가 쉽지 않다. 그렇지만 앞에서 언급했던 대로 추가 수익을 창출하기 위해서라면 일명 애드고시를 치러야 한다.

애드고시 합격은 쉽지 않은 편이라 간혹 합격 계정을 돈을 주고 사고파는 일이 벌어지기도 한다. 그러나 함부로 타인의 계정을 샀다가는 나중에 어떤 일이 벌어질지도 모르고, 무엇보다도 계정 거래는 불법이므로 구입은 금물이다. 그렇다면 어떻게 해야 내 힘으로 구글 애드센스의 승인을 받을 수 있을까?

애드고시 합격 전략으로 알려진 것이 몇 가지 있다. 첫 번째는 해외의 문서를 한국어로 번역한 후 비문 위주로 글을 수정해서 작성하는 것이다. 두 번째는 오래된 책을 이용해 글을 작성하고 승인을 요청하는 것이다. 고서적들은 전자책으로 나오지 않았으므로 유사 문서 문제를 피할 수 있다.

하지만 가장 정석적이고 올바른 방법은 꾸준하게 한 가지 주제로 유사 문서 걱정 없는 나만의 독창적인 글을 쓰는 것이다. 다만 광고 가 달리기 애매한 주제인 일상 관련 글을 쓰는 것보다는 어떤 명확 한 주제를 놓고 연관 광고까지 고려하며 글을 쓰는 것이 좋다. 간단 하게 예를 들어서 "오늘 날씨가 좋았다"처럼 내 생각을 적는 것보다 는 디지털 기기, 자동차, 육아 등 판매로 이어질 만한 주제를 선정하 는 것이 좋다.

제대로 된 글이라면 10~15편 정도 사이에 승인이 나고 조금 늦는 경우는 30~50편 사이에 승인이 나기도 한다. 만약에 애드고시에 한 번 정도 떨어졌다고 하더라도 글을 꾸준하게 쓰면서 계속 승인을 요 청하는 것이 좋다.

나는 애드고시를 통과한 웹사이트를 3개 보유하고 있다. 모두 직 접 승인을 받았는데, 1개는 워드프레스이고 2개는 티스토리다. 1개 의 티스토리는 내 회사 업무(건축)에 관련된 이야기를 포스팅해서 승 인받았고, 다른 하나는 다양한 정보를 성심성의껏 작성했다.

참고로 음식의 효능을 다루는 형태의 글은 승인받기가 어렵다. 음식의 효능은 대부분 정해져 있고 관련 문서 수가 너무나 많아서 아무리 재가공해서 잘 쓴다고 하더라도 독창적이지 않고 중복되는 내용이 다량으로 들어간 글이 될 수밖에 없다.

또한 앞서 언급한 것처럼 광고가 잘 붙지 않을 만한 글도 승인에 영향을 줄 수 있다. 광고가 붙지 않는 글이란 성의가 없거나 니무 짧은 글, 그리고 남들의 관심을 불러일으키지 못할 일기 등이다. 구글 애드센스 역시 글의 내용에 따라 자동으로 광고가 붙으므로 광고와 전혀 관련 없는 글은 지양하는 것이 좋다. 반대로 이를 이용해서 비싼 광고가 붙을 만한 키워드를 노려서 글을 쓰는 사람들도 있다.

블로그에서 구글 애드센스 활용하기

네이버 블로그를 어느 정도 키운 상태에서 구글 애드센스를 활용할 수 있는 방법이 있다. 물론 여러 번 언급한 대로 네이버 블로그 자체에 구글 애드센스를 넣을 수는 없다. 하지만 내가 쓰고자 하는 글의 요약본을 네이버 블로그에 포스팅하고 더 자세한 내용은 다음의 링크를 참고해달라는 방식을 이용해 구글 애드센스가 있는 티스토리로 검색자를 유도할 수 있다. 다만 네이버가 외부 링크를 선호하지 않는다는 점을 유의해서 활용해야 한다.

티스토리에는 검색자가 원했던 정보를 풍부하게 넣어주되 적절한 위치에 애드센스를 이용해 광고를 배치해준다. 나는 연말정산 관련 글을 포스팅했을 때 이 방법을 활용해서 하루에 10만 원 정도의 수익을 낸 적이 있다. 2년 전에 작성한 포스팅이지만, 매년 연말정산 시기가 도래하면 세부 키워드로 유입이 되는 검색자들이 있어서 아직도 소소한 수익이 된다.

지금까지 블로그로 수익을 창출하는 방법을 다양하게 알아봤다. 이 외에도 한 가지 플랫폼으로 부족하다고 느껴진다면 인스타그램이나 유튜브 쪽으로 눈을 돌려볼 수도 있다. 그리고 여유가 된다면 한꺼번에 세 가지 플랫폼을 모두 운영할 수도 있다. 네이버 인플루언서로 선정되면 모든 플랫폼을 한곳에 모을 수 있는 홈이 생성된다. 본인의 성향을 잘 파악해서 사람들과 소통하는 것보다 부담 없이 글을 써서 올려놓는 것을 선호한다면 블로그, 글보다는 예쁜 사진을 업로드하고 사람들과 이야기하는 것을 선호한다면 인스타그램, 누군가에게 말로 설명하는 것에 자신이 있고 신뢰감을 줄 수 있다면 유튜브를 선택하면 된다.

처음부터 모든 것을 잘하는 사람은 존재하지 않으므로 기본적으로는 블로그로 시작하되, 차차 본인의 취향과 흥미에 맞는 것을 세컨드 플랫폼으로 추가하면 된다. 다만 인스타그램과 유튜브는 블로그와 달리 구독의 개념이 수반되므로 블로그보다 개인의 매력이 돋보여야 한다는 점을 유의하자.

참고로 내가 블로그를 선택한 이유는 시간과 장소에 구애받지 않고 원하는 콘텐츠를 발행할 수 있다는 것과 소통이나 구독의 부담을 느끼지 않아도 된다는 점 때문이다. 하지만 나 역시 블로그가 성장하면서 차차 인스타그램이나 유튜브도 하고 싶다는 생각이 드는 편이다.

4장

수익형 블로그는
내 인생의
든든한 보험이다

블로그 운영으로
연봉 1억 원을 달성하다

직장인 블로거는 월급에
추가 수입까지 더한다

나는 육아휴직을 마치고 회사에 복직할 때쯤에 블로그를 통해 수익의 파이프라인을 완성했다. 블로그를 운영하는 데 많은 시간을 쓰는 편도 아니었다. 그렇게 궤도에 오른 수익형 블로그는 내가 회사에 다닐 때도 적을 때는 60만~70만 원, 많을 때는 300만 원까지 나에게 수익을 가져다줬다. 물론 협찬받은 제품의 가격을 제외하고 순수 현금만 산정한 금액이다.

어느 날 지인과 대화하다가 깨달은 것이 있다. 그분에게 내 블로그 수익을 공개한 적이 있다. 그분은 내 회사 월급과 블로그 수익을 계산해보더니 이 둘을 더하면 연봉이 1억 원이라고 이야기해줬다. 처음에는 그게 무슨 소리냐며 손사래를 쳤는데 곰곰이 생각해보니 맞는 말이었다. 2022년을 기준으로 연봉 1억 원 직장인의 월 실수령 금액이 약 650만 원인데, 내 급여와 블로그 수익을 합하면 그 언저리쯤 되었기 때문이다. 이렇게 생각하고 보니 스스로 굉장히 뿌듯했다. 그간 내가 운영하는 블로그에 큰 자신감을 가진 건 아니었는데, 타인의 시선을 통해서 객관적으로 계산해보니 이렇게 볼 수도 있겠다는 생각이 들었다. 그만큼 자신감이 더 생기고 자존감도 높아졌다.

그동안 육아휴직 중에는 N잡러라고 보기 어려울 정도로 블로그를 통한 수익이 수익원의 대부분을 차지했던 터라 가계에 큰 도움이 된다고 생각하지 못했다. 나라에서 지원해주는 육아휴직 수당과 블로그 수익을 합해서 생활을 유지했기 때문이다. 그러나 회사에 복직하고 보니 매달 일정하게 지급받는 급여라는 큰 수익원이 다시 생겼고, 거기에 더해 블로그로 벌어들이는 수익도 더 늘어나 삶이 여유로워졌다. 급여를 주 수익원으로 삼고 추가로 벌어들이는 블로그 수익은 금액이 적든, 크든 모두 저축할 수 있었다. 이제 더 이상 핫딜을 찾지도 않게 되었다. 그냥 필요한 제품이 있으면 바로 사서 사용하고 남는 시간에는 블로그 포스팅에 집중했다.

이렇게 나는 결혼 후 3년 동안 1년에 약 5,000만 원씩 모았다. 물론 블로그 수익만으로 그만큼 모았던 것은 아니다. 내 급여도 꽤 올랐기에 가능했던 일이다. 나는 특수 전문직에 비하면 적은 급여지만, 일반 회사원에 비해서는 꽤 많이 버는 편이다. 그리고 알게 모르게 협찬받은 제품들이 생활비를 대폭 줄여준 것도 한몫했다. 그렇게 한 달에 350만 원 이상의 생활비를 쓰면서도 순수익 그래프가 가파르게 우상향하니 가계부를 쓰는 것도 즐겁고 돈을 모으는 재미도 생겼다. 전세자금 대출도 꾸준하게 상환하게 되어서 3년 만에 80%를 상환했고, 지금은 분양받은 아파트의 잔금을 모으고 있다. 즉 블로그로 얻은 수익은 내가 허리띠를 졸라매거나 아껴야 한다는 스트레스를 없애줬다.

전업 블로거의 길, 심사숙고해서 결정하자

대부분의 블로거는 어느 정도 수익이 나면 회사를 그만두고 전업 블로거로 전향해야겠다는 포부를 가진다. 물론 나 역시 여러분이 아이를 직접 키우고 싶고 회사 생활이 힘들다면 블로그를 열심히 키워서 전업으로 블로그를 운영하는 것을 추천한다. 급여만큼의 수익은 아니더라도 아이를 직접 돌보면서 돈을 벌 수 있으니 삶의 만족도가 높아질 것이다.

하지만 전업 블로거의 길은 심사숙고가 필요하다. 큰 리스크가 있다는 것을 명심해야 한다. 우선 블로그의 수입이 들쑥날쑥하다는 점이 있다. 나도 지금까지 최고 수익을 냈을 때는 한 달에 400만 원 정도의 금액을 벌었지만, 정말 수익이 안 날 때는 100만 원 미만을 벌 때도 있었다. 내가 하는 만큼 벌 수 있는 것은 맞다. 하지만 전업 블로거 생활은 운도 따라줘야 하고 제안도 많이 받아야 한다.

원고료 제안으로 인한 수익은 항상 일정하게 들어오는 것이 아니다. 돈이 많이 들어가는 명절이나 연말, 연초에는 원고료 제안이 잘 들어오지 않기도 하고, 어떤 실수로 인해 한순간에 블로그가 나락으로 갈 수도 있다. 여러 개의 블로그를 운영해서 리스크를 분산하는 사람들도 있지만, 대부분의 블로거는 1개의 주력 블로그로 수입을 얻고 있으므로 주력 블로그가 어느 날 갑자기 저품질 블로그가 된다면 모든 것을 내려놓고 싶을 만큼 의욕을 잃을 수도 있다.

내가 아는 한 인플루언서도 어느 날부터 일일 방문자 수가 평균 1만 명에서 순식간에 3,000명으로 줄어들고 말았다. 딱히 문제가 될 만한 포스팅을 하지 않았음에도 말이다. 나름대로 인터넷에서 강의도 하고 블로그에 관한 정보도 많이 알고 있는 블로거였음에도 이럴 정도니, 블로그의 흥망성쇠는 정말 한 치 앞을 내다볼 수 없다.

블로그 수익은 회사에서 급여를 받고 있을 때, 즉 N잡러일 때 그 가치가 극대화된다. 퇴사하거나 전업 블로거인 상태, 급여가 없는 상태로 블로그에서 벌어들이는 수익만 들여다보고 있으면 그 금액이 영 불만스러워질 수도 있다. 프리랜서로서 스스로가 만족할 만한 정도의 수익을 내려면 블로그 운영만으로는 어려울 수 있다. 여러 가지 파이프라인을 만들어서 수익 루트를 다변화해야 한다.

블로그 운영으로 꾸준하게 몇 년째 수익을 내는 나도 회사 급여가 없는 상태가 되면 블로그 수익만으로는 약간 불안하다고 느낄 것이다. 물론 블로그라는 네이버 플랫폼 하나만으로도 잘 운영하기만 한다면 장기적인 수익을 낼 수 있지만, 반대로 한순간에 무너질 수도 있기 때문이다. 블로그는 네이버에 귀속된 플랫폼이므로 전적으로 네이버의 손에 달려있다는 것을 늘 명심해야 한다. 즉 네이버가 싫어하는 행동을 했거나 하지 않았음에도 네이버 로직의 오해로 인해 문제가 생기는 등의 상황이 생긴다면 내 블로그가 망가질 수도 있다는 사실을 늘 염두에 둬야 한다.

만약 여러분이 집에서 아이를 돌보는 전업주부라면 본인의 블로그에 문제가 생겼다 해도 큰 부담 없이 블로그를 계속 운영하며 또 다른 플랫폼을 찾아보는 등의 해결책을 강구해보겠지만, 소득원이 없는 상태에서 이런 문제에 직면한다면 당장 눈앞이 캄캄해질 것이다. 회사를 그만두고 전업으로 디지털 노마드가 되고 싶다면 블로그 운영 하나만으로는 안 된다. 회사에서 일하는 것처럼 열심히 여러 가지 플랫폼을 다양하게 구축해놓고 한 수익원에 문제가 생겨도 큰 타격을 받지 않을 정도로 파이프라인을 구축해놔야 한다.

직장인 블로거로
종합소득세를 신고하다

나는 복직 후 남들처럼 회사 생활을 하다가 연초에 연말정산을 하게
되었다. 이번 연말정산은 아이 덕분에 공제를 많이 받아 일명 13월
의 월급까지 받게 되었다. 그런데 5월쯤에 종합소득세(종소세) 신고를
하라는 연락을 받았다. 물론 그 당시에는 금액이 적은 편이라 의무
사항은 아니었지만, 그래도 블로그 운영으로 수익을 냈다는 사실을
다시금 실감했다.

　기존에 했던 연말정산에서 추가 세금을 내지 않았으므로 종소세
신고를 하면 그동안 낸 세금을 돌려받을 수 있지 않을까 하는 기대
감에 종소세 신고를 했다. 사실 블로그를 운영하면서 내가 했던 모
든 활동의 세금이 완벽하게 산정되는 것은 아니다. 관련 업체에서 신
고하지 않는 경우도 있고 현금 대신 제품이나 추천인 제도의 적립금

으로 받는 경우도 많기 때문이다. 다만 무조건 세금이 공제되었던 항목을 찾아보니 네이버 애드포스트, 쿠팡파트너스, 원고료 등이 있었다.

나 역시 그간 이것저것 많은 파이프라인을 구축해서 수익을 냈지만, 수익을 낸 첫해에 국세청에 신고가 들어간 총 추가 수입 금액은 400만 원 정도밖에 되지 않았다. 일반적인 개인사업자로서 수익이 높은 사람은 세무사를 고용해 세금 관련 업무를 일임하기도 하지만, 블로그 운영을 통해서 번 수입 정도는 개인이 직접 신고할 수 있도록 국세청 홈택스에 안내가 잘 되어 있으므로 인터넷으로 정보를 찾아보면 스스로 할 수 있다.

결론적으로 나는 지금까지 냈던 세금을 모두 환급받을 수 있었다. 금액은 약 30만 원 정도였다. 완벽하게 모든 금액이 신고되지 않았는데도 생각보다 많은 금액을 세금으로 냈다는 것을 알 수 있었다. 그러니 금액이 얼마 되지 않는다 해도 블로그 운영을 통해 수익이 났다면 종소세 계산은 해보는 것이 좋다.

블로그 수익으로
세금을 얼마나 낼까

내가 납부한 세금은 앞서 언급했던 대로 크게 세 종류다. 그중에서 네이버 애드포스트 관련 소득은 기타소득으로 분류되어 연간소득액이 12만 5,000원을 초과하는 경우 원천징수 대상자가 되어 자동으로 세금을 공제한다. 따라서 초기에는 소득 누적 금액이 12만 5,000원이 되기 전까지는 세금을 공제하지 않지만, 12만 5,000원에 도달하면 한꺼번에 세금을 공제하므로 통장에 들어온 금액이 생각보다 적어서 당황할 수도 있다. 이에 다음의 사항을 알아두는 편이 좋다. 기본적으로 기타소득의 세금은 전체 소득 금액의 22%를 공제해서 납부해야 하지만, 현재 필요경비율을 60%까지 인정해준다. 이 모든 것을 적용한 간단한 계산식이 '수익 금액 × 8.8% = 세금'이다. 네이버 애드포스트 수익 관련 세금은 이렇게 계산하면 된다.

쿠팡파트너스 관련 소득은 사업소득으로 분류되어 3.3%의 원천징수가 이뤄진다. 대부분의 마케팅 업체에서 제공하는 원고료 역시 프리랜서로 분류되어 사업소득세로 3.3%의 세금을 징수한다. 따라서 쿠팡파트너스나 업체에서 원고료로 받은 금액이 통장으로 들어왔다면 이미 세금이 공제된 금액이다. 업체에서 그 금액만큼 세금 신고를 하고 납부한 후 입금해주기 때문이다. 따라서 이 금액들은 자동으로 국세청에 신고가 들어갔다고 생각하면 된다.

결론적으로, 블로그 수익과 관련해 종소세 신고를 하면 여태까지 공제된 3.3%와 네이버 애드포스트에서 공제된 8.8%를 돌려받을 수 있다. 한 가지 유의할 점은 내가 직장인이라면 기존 연말정산에서 환급받았는지, 아니면 더 냈는지를 생각해봐야 한다는 점이다. 직장인의 종합소득세 신고는 내 전체 소득을 합산해서 다시 계산하기 때문에 연말정산에서 돌려받지 못했다면 종소세 신고에서는 소득만 더 많이 책정될 가능성이 크다. 그렇게 되면 세금을 더 납부해야 할 확률도 같이 높아진다.

반면에 연말정산에서 추가 세금을 모두 돌려받고도 증빙이 남았다면 종소세 신고를 통해 기존에 납부했던 세금을 모두 환급받을 확률이 높다. 나 역시 기존 연말정산에서 모두 환급받았기에 자신 있게 종소세를 신고해서 추가 금액을 모두 환급받았다. 따라서 N잡러 블로거라면 종소세를 신고하기 전에 홈택스에서 모의 계산을 해보고 전략을 짜는 것이 좋다.

블로그 수익 관련
세금 신고는 의무일까

네이버 애드포스트처럼 기타소득으로 들어가는 항목과 원고료나 프리랜서처럼 3.3%를 공제하는 사업소득은 세금 신고 기준이 각각 다르게 적용된다. 기타소득은 1년에 300만 원 미만이라면 신고 의무가 없다. 여기서 300만 원 미만은 필요경비를 제외한 금액이므로 현재 네이버 애드포스트를 기준으로 보면 60%를 필요경비로 인정하기 때문에 750만 원까지는 세금 신고를 하지 않아도 된다는 것이다. 하지만 내가 세금을 환급받을 상황이라면 되도록 하는 것이 좋다.

또한 사업소득으로는 원고료나 쿠팡파트너스 등의 소득이 있는데, 그 외에도 내가 한 활동에 대해 지급받아야 할 금액보다 3.3%

적게 받았거나 미리 공제된 부분이 있다면 사업소득이므로 금액과 상관없이 종소세 신고를 해야 한다.

이때 추가로 유의해야 할 점이 있다. 내가 실업급여를 받을 계획이 있거나 받고 있을 때다. 실업급여는 사업자등록증이 있거나 다른 수익이 있다면 수령할 수 없다. 불가피하게 수익이 있는 것으로 계산되는 경우에는 그 부분을 빼고 나머지 금액만 지급해주기도 한다. 블로거 활동을 통해서 원고료를 받게 되면 내가 직접 하는 종소세 신고와 상관없이 업체가 의무적으로 매출 신고를 하므로 이럴 경우에는 아예 소득 활동을 멈추는 등의 조치를 취해야 한다. 다만 네이버 애드포스트의 경우 메뉴의 '내 정보 → 회원정보 변경 → 수입지급 정보' 부분에서 최소 수령 금액을 최대로 설정해서 수령일을 미룰 수 있다.

앞서 다룬 것처럼 네이버 애드포스트의 누적 금액은 12만 5,000원이 넘는 상태에서 수령하면 세금을 공제하기 때문에 아예 출금하지 않으면 세금 신고도 할 필요가 없고 소득으로도 잡히지 않는다. 이 외에 육아휴직 역시 신고된 소득이 월 150만 원 이상일 경우 문제가 될 수 있으므로 세금 관련 내용은 본인의 상황에 따라서 항상 여러 부분을 모두 신경 써야 한다.

블로그 운영 중에
위기 상황이 발생할 때

포스팅한 글이
보이지 않을 때

블로그를 잘 운영해서 많이 성장하고 방문자 수가 잘 나온다고 해도 방심할 수는 없다. '만블(일일 방문자 수 1만 명을 달성한 블로그)'이더라도 피해갈 수 없는 것이 바로 노출이다. 그만큼 상위 노출은 굉장히 중요하다. 그래서 본문에서도 키워드를 강조했고, 다른 블로거들도 열심히 찾는 것이다. 그런데 이렇게 키워드에 신경 써서 포스팅했는데도 블로그 노출이 잘 안 되는 경우가 있다. 나도 그런 적이 있다. 협찬이나 원고료를 받은 제품도 아니고 내 돈으로 구입해서 사용해본 진짜 내돈내산 제품 리뷰였는데 검색 결과로 도통 노출되지 않았다. 1~2시간 내에는 보여야 하는데 기다려봐도 보이지 않았다.

그런데 블로그 탭으로 검색해보니 내 포스팅이 1위에 올라가 있는 것을 확인할 수 있었다. 망했다고 생각했다. 일반적으로 키워드로 통합 검색을 하면 뷰 탭에 블로그와 네이버 카페가 검색 결과로 함께 나타난다. 이때 대부분의 사람은 더 보기를 눌러서 블로그와 카페 글을 동시에 읽는다. 즉 카페를 제외하고 블로그 검색 결과만 보려고 일부러 블로그 탭을 선택해서 보는 사람은 별로 없을 것이다. 따라서 블로그 탭에만 보인다는 것은 노출에 실패한 것이다. 이제 선택이 필요한 상황이 되었다. 포스팅을 조금 수정해서 바꿔볼 것인가, 아니면 지우고 새로 다시 쓸 것인가? 그것도 아니면 아예 포기하고 그냥 넘어갈 것인가?

나는 세 가지 수정 방법을 시도해봤다. 첫 번째로 포스팅을 지우고 아예 새로 다시 써서 기존 포스팅의 말투를 바꿔봤다. 이를테면 "했다" "먹었다"라는 끝맺음을 "한다" "먹는다"라는 식으로 바꿔 과거형 시제를 현재형으로 바꾸는 방법이다. 두 번째는 정보를 주는 글이라면 후기 느낌의 글로 어투를 바꿔보는 방법을 시도했다. 그리고 세 번째 방법으로는 제목을 수정했다. 이는 키워드 자체를 손보는 것으로, 제목이나 글 내부에 있는 키워드를 바꿔서 다시 노출을 시도하는 방법이다.

그러나 어느 시점에 이르게 되자 결국 수정을 포기했다. 그 이유는 이렇게 수정해도 노출 결과에 변화가 없었기 때문이다. 게다가 수정하다 보니 포스팅을 수정하거나 지우고 다시 쓰는 행위가 오히려 리스크가 더 큰 행동이라는 생각이 들었다. 나중에 비슷한 키워드로 글을 다시 작성해보니 내 블로그가 어떠한 이유로 특정 키워드와는 노출 부분에서 잘 안 맞는다는 결론을 내릴 수 있었다.

사실 특정 키워드와 블로그 주제의 상관관계는 네이버 측에서 밝힌 바가 없기에 명확한 답을 알 수 없다. 유명 블로그 강사들도 이 문제에 관해서는 그저 추측만 할 뿐이다. 네이버 로직은 셀 수 없이 많은 조건을 바탕으로 내 글이 노출에 부합하는지를 판단하는데, 이 조건과 상황을 다 알고 확언할 수 있는 사람은 없다. 따라서 스스로 블로그를 운영하면서 나에게 맞는 경험치를 쌓아야 한다.

급작스러운 사정이 생겼을 때

피치 못할 사정이 생겨서 당분간 블로그를 운영하지 못한다면 어떻게 해야 할까? 포스팅을 대충 작성하더라도 매일 올려야 할까? 그렇지 않다. 일주일에 3회만 포스팅을 하더라도 제대로 된 글을 올리는 것이 좋다. 한때 네이버에서 이 달의 블로그를 선정하면서 자기 주변의 좋은 블로그를 추천해달라고 공지한 적이 있다. 그때 활동을 활발하게 하고 자기만의 색깔로 블로그를 꾸며가는 이웃을 소개해달라며 해당 블로그의 기준을 발표했는데, 네이버의 기준에 따르면 활발하게 활동하는 블로그는 적어도 2~3일에 글이 한 편씩 올라오는 블로그다.

하지만 사정이 생겨서 블로그에 글을 주 3회 쓰기도 어렵다면 당분간 문을 닫아도 괜찮다. 물론 최신 글을 우대하는 네이버의 특성상 방문자 수는 점점 줄어들 것이다. 하지만 차후 복귀해서 다시 글을 꾸준히 쓰기 시작하면 대부분 예전의 방문자 수를 회복한다. 그러므로 급작스러운 사정이 생겼다고 해서 블로그를 무리하게 운영하거나 감당하지 못할 제안을 다 수용하는 실수는 하지 않는 것이 좋다.

블로그는 과연
안전한 플랫폼일까

주변 사람들이 종종 나에게 요즘 SNS는 유튜브나 인스타그램이 대세인데 왜 굳이 블로그를 운영하냐고 물어볼 때가 있다. 사실 내가 블로거가 된 이유에는 블로그가 네이버의 플랫폼이라는 사실도 크게 작용했다. 블로거가 개인적으로 무언가를 잘못하거나 네이버에서 제재를 받으면 해당 블로그가 망할 수는 있다. 하지만 블로그라는 플랫폼 자체가 망하게 되는 경우가 과연 생길까? 나는 이 물음에 대해서는 단호하게 "아니다"라고 대답하고 싶다. 물론 네이버에서 블로그를 대체할 만한 플랫폼을 직접 만든다면 블로그 플랫폼 자체가 없어지는 일이 생길 수도 있다. 하지만 적어도 현존하는 유튜브, 인스타그램, 트위터처럼 소통이 활발한 SNS 중에서 블로그와 맥락을 같이하는 것은 없다.

만약 제주도로 여행을 가기 위해 여행 정보가 필요한 상황이라고 가정해보자. 제주도에 도착한 당일 밤에 숙소 침대 위에 누워서 내일 내가 다녀볼 코스에 관해 검색하려고 한다. 이때 어떤 플랫폼을 활용할 수 있을까? 비교적 시간 여유가 많은 저녁이라면 침대 위에 누워서 제주도 여행 관련 유튜브 영상을 보며 내일 일정을 천천히 짜볼 것이다. 하지만 다음 날이 되어 일정에 맞춰서 돌아다니다가 갑자기 궁금한 것이 생기거나 급하게 이동 방법을 찾아야 할 때는 어떨까? 대부분 망설임 없이 네이버에 키워드를 검색해서 블로그를 찾아볼 것이다.

이 두 가지 플랫폼은 이와 같은 차이가 있다. 원하는 정보를 빠르게 찾아서 확인하는 데는 아직 블로그만 한 것이 없다. 인스타그램도 마찬가지다. 인스타그램은 객관적인 정보를 제공하는 플랫폼이라기보다는 그 사람의 매력, 생활, 일상 등을 어필하는 플랫폼이다. 따라서 내가 팔로우한 인플루언서가 사용하는 제품 등을 보면서 제품 구입을 고민할 수는 있지만, 여행지 정보를 얻기 위해 인스타그램을 활용하는 사람은 생각보다 많지 않다. 간혹 있다 해도 해시태그를 통해서 최근에 특정 장소에 방문한 사람들의 후기를 보고 사람이 많은지, 날씨는 어떤지 등의 대략적인 정보만을 확인할 것이다.

시간 여유가 있을 때 유튜브에서 맛집을 방문한 인플루언서의 영상을 보면서 '나중에 시간 나면 한번 가봐야지!'라고 생각할 수는 있다. 하지만 당장 친구와 강남역 근처에서 저녁식사를 하려는 상황이라면 어떨까? 대부분 네이버에서 '강남역 맛집' 등의 키워드로 식사할 곳을 물색하고 블로그 후기를 통해서 정보를 얻는다. 이처럼 SNS를 대표하는 세 가지 플랫폼은 모두 각기 다른 매력을 가지고 있고 용도가 다르므로 블로그는 블로그 만의 모든 특성을 대체할 수 있는 또 다른 플랫폼이 나오기 전끼지는 건재할 것이다.

TIP **여행지를 방문했을 때 플랫폼별 정보 획득 방법**

- 유튜브: 여행지의 전반적인 느낌과 내용을 시청한 후 여행 계획을 수립한다.
- 블로그: 그때그때 필요한 정보를 검색해서 빠르게 획득한다.
- 인스타그램: 여행지의 최근 날씨, 인플루언서들의 힙한 여행지 패션 등을 참고한다.

네이버 블로그의
변화와 성장세

네이버에서 2021년에 공개한 <2021 네이버 블로그 리포트>에 의하면 2021년을 기준으로 네이버 블로거 중에서 가장 많은 연령대를 차지한 것은 20대. 대중들이 네이버 블로그를 주로 올드한 플랫폼이라고 생각하는 것과는 사뭇 다른 결과다. 그만큼 네이버 블로그는 다시 젊은 층에서 인기를 얻고 있다. 게다가 2020년에는 약 5.6%에 불과했던 10대 블로거의 비율이 2021년에는 약 9%로 크게 증가했다. 통칭 MZ세대인 10~30대는 전체 사용자의 약 70%나 된다.

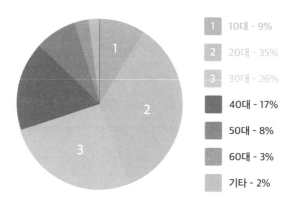

<연령대별 네이버 블로거 비율>

1 10대 - 9%
2 20대 - 35%
3 30대 - 26%
40대 - 17%
50대 - 8%
60대 - 3%
기타 - 2%

출처: <2021 네이버 블로그 리포트>

또한 네이버 블로그는 2021년에만 해도 약 3억 2,000만 편에 가까운 글이 올라왔는데 이는 단일 연도에 올라온 글 수로는 역대 최다 기록이다. 2003년부터 지금까지 누적된 글의 수는 약 24억 2,000만 편으로 2021년에 작성된 글 수가 전체 글 수의 약 13%를 차지했다. 2021년을 기준으로 개설된 블로그의 수는 약 3,000만 개 정도로, 2021년 한 해에만 약 200만 개의 신규 블로그가 개설되었다고 하니 거의 20년 가까이 서비스를 이어온 플랫폼인데도 꾸준히 신규 사용자가 유입되고 있다는 사실을 알 수 있다.

하지만 전체 블로그 수 대비 발행 글 수는 약 3억 2,000만 편에 불과하므로 열심히 활동하는 블로그가 일주일에 2~3편 이상의 글을 발행한다고 가정해보면 실제로 운영 중인 블로그의 수는 얼마 되지 않는다는 사실도 알 수 있다. <2021 네이버 블로그 리포트>에서도 이런 내용을 파악할 수 있는 지표가 있다. 이 지표에 따르면 한 해에 글을 1,000편 이상 작성한 블로그는 약 0.7%, 365~999편 사이의 글을 작성한 블로그는 약 1.9%, 100~364편 사이의 글을 작성한 블로그는 약 10.6%, 30~99편의 글을 작성한 블로그는 16.7%, 10~29편의 글을 작성한 블로그는 약 28.7%, 5~9편의 글을 작성한 블로그는 약 17.4%, 0~4편의 글을 작성한 블로그는 약 24%다. 이 통계만 봐도 거의 운영하지 않는 블로그의 비율이 70%나 된다는 사실을 파악할 수 있다.

<블로그 글 작성 수에 따른 블로거 비율>

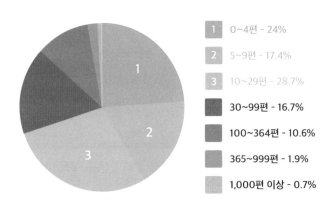

1 0~4편 - 24%
2 5~9편 - 17.4%
3 10~29편 - 28.7%
30~99편 - 16.7%
100~364편 - 10.6%
365~999편 - 1.9%
1,000편 이상 - 0.7%

출처: <2021 네이버 블로그 리포트>

오래가는 블로그의
원칙과 비밀

나만의 기준을 정해서
블로그를 운영하자

내 인생에서 가장 중요한 것은 무엇인가? 갑자기 이런 이야기를 꺼낸 이유는 블로그를 오래 운영하기 위해서는 블로그 운영과 삶 사이의 균형을 유지해야 하기 때문이다.

처음 블로그를 운영하는 사람들은 어떤 큰 기대나 거창한 목표를 갖고 시작하지 않는다. 그저 내가 원하는 글을 쓰고 그 포스팅으로 인해 조금씩 방문자가 생긴다는 사실에 만족한다. 그런데 점점 방문자들의 반응이 좋아지고 내가 올린 글로 인해 조금씩 수익이 나기 시작하면 어떨까? 대부분의 사람은 예상치 못했던 결과에 매우 흥분하게 될 것이다.

내 주변에도 이런 사람들이 종종 있다. 그런데 그들이 블로그를 운영하는 것이 이렇게 즐거운 일인지 몰랐노라며 다음 단계를 위해 열심히 달려가는 모습을 보면 가끔 안타깝다는 생각이 들 때가 있다. 분명 블로그를 즐겁게 운영하는 것은 매우 좋은 현상이다. 하지만 수익화를 위한 블로그 활동은 언제까지나 즐거울 수만은 없다. 수익이 어느 수준까지 올라오면 이제 그 수익을 유지하기 위해 스트레스를 받게 될 것이다.

대부분의 사람은 이럴 때면 더 많은 수익 혹은 현상 유지를 위해 내 시간을 쪼개서 글쓰기에 투자하고, 수면 시간을 쪼개가면서 블로그를 운영하게 된다.

그런데 그렇게 열심히 포스팅한 글이 검색 결과에서 노출되지 않는다거나 기대에 못 미치는 결과를 가져온다면 어떨까? 아마 그 글 한 편에 일희일비하면서 온종일 스트레스를 받고 고심하게 될 것이다. 하는 만큼 벌 수 있다는 자신감을 갖고 온종일 내용을 신경 써서 정리하고 글을 포스팅했는데도 기대에 미치지 못하는 결과를 보면 금방 의욕을 잃거나 소위 블태기(블로그 권태기)를 맞게 될 것이다.

물론 글을 포스팅할 때마다 상위에 노출되고, 원고료를 팍팍 받으며 수입이 늘어나면 블태기는 없다. 노력한 만큼의 보상과 대가를 받아서 동기가 부여되기 때문이다. 하지만 그렇지 않은 경우도 많다. 그래서 블로거들이 어떤 순간이라도 반드시 가져야 할 마음가짐은 '블로그 운영은 내 인생의 전부가 아니고 N잡이다'라는 것이다. 세상에는 우리가 부러워할 정도의 큰 수입을 내는 전업 블로거들도 많지만, 그들이 받는 스트레스 역시 상상할 수 없을 정도로 어마어마하다는 것을 잊지 말아야 한다.

N잡러 블로그는
롱런하는 블로그다

내가 블로그 운영을 하면서 가장 중요하게 생각한 것은 내 가족과 내 커리어였다. 그래서 정한 나만의 원칙이 있다. 일주일에 5일만 글을 쓰고 공휴일은 쉬는 것이다. 물론 나도 처음부터 이렇게 계획적으로 블로그를 운영하지는 않았다. 다만 초기에는 글감도 많이 없었을뿐더러 주말에 글을 쓸 시간이 나지 않아서 이렇게 운영하게 되었다. 그런데 하다 보니 자연스럽게 주 5회만 포스팅을 하게 되었고, 주말과 공휴일에는 가족에 집중할 수 있었다.

정말 신기한 사실이 있다. 내가 주 5회 포스팅을 하든, 주 7회 포스팅을 하든 블로그의 방문자 수는 큰 변화가 없어서 그로 인한 수익의 차이가 크지 않았다는 사실이다. 그래서 공휴일에는 남편과 아이와 함께 시간을 보내고 컴퓨터는 쳐다보지도 않았다. 종종 앱을 통해서 조회 수 정도만 확인했다.

차후 회사에 복직하고 나니 아이와 시간을 보낼 수 있는 여유가 더 없어졌다. 그러다 보니 주말은 아이에게 더욱더 집중할 수밖에 없었다. 아직도 내 블로그는 대부분 주 5일 포스팅 원칙을 지키며 밀린 원고가 없다면 보통 공휴일에는 문을 닫는다. 회사에서 퇴근하면 저녁식사를 차리고, 남편은 어린이집에서 아이를 데리고 온다. 저녁식사를 마치면 아이에게 간식을 준 후 30분 정도 아이와 같이 논다. 다 놀고 나서 아이를 씻기고 재우면 10시에서 11시 사이다. 물론 이 시간에도 블로그를 운영하려면 얼마든지 할 수 있지만, 나는 다음 날 회사 업무를 위해 휴식을 취하거나 남편하고 담소를 나눈다. 아이가 조금 더 일찍 잠이 든 날이면 작은방에서 부부가 같이 게임을 하며 즐거운 시간을 보내기도 한다. 이 시간은 모든 일과를 끝마친 부부가 소소한 행복을 나누는 시간이다. 그러다 보니 평일에는 글을 쓸 시간이 아예 나지 않는다.

만약 일과 중에 시간을 내서 글을 쓰려면 어떤 시간이 좋을까 고민해보니 점심시간이 있었다. 그래서 회사에서 점심식사 후 남은 20~30분 정도의 자투리 시간에 글을 쓰기 시작했다. 완벽하게 쓰지는 못했지만, 대충이라도 적었다. 또 하나 필요한 것은 사진이었다. 그래서 대부분 글의 초안을 먼저 작성하고 나중에 사진을 보완하는 방식으로 글을 포스팅했다. 이렇게 글을 먼저 쓰고 나니 글 사이에 필요한 사진이 무엇인지도 파악할 수 있었다.

이후 집에 오면 5~10분 정도 시간을 내서 사진을 촬영해 글을 완성해서 포스팅했다. 여러 번 반복하다 보니 점차 일상의 루틴이 되었다. 점심시간을 활용해 블로그를 운영하니 딱히 시간을 들이지 않아도 되어서 좋았다. 그리고 근무 이외의 시간은 아이에게 집중할 수 있어서 더욱 좋았다. 지금까지도 오래도록 순항 중인 내 블로그는 이렇게 운영한다.

N잡러의 길은
선택이 필요하다

둘째 아이를 임신하고 나니 다시 출산 휴가와 육아휴직에 들어가게 되었다. 상황이 이렇게 되자 더는 지금의 회사를 다니기가 어려워졌다. 물론 개인적으로는 업무에 지장이 생길 것을 우려하는 회사의 입장을 십분 이해했다. 게다가 나도 두 아이를 키우면서 제대로 직장 생활을 할 자신이 없었다.

롱런하는 커리어우먼이 되겠다며 자신만만했던 지난날의 나를 뒤로하고, 나는 이제 사랑스러운 두 아이의 엄마가 되었다. 누구나 주변의 도움이 없다면 두 아이를 키우면서 회사에 다니기가 쉽지 않다. '한 아이가 갑자기 아프면 어떻게 하지?' '아니면 서로 병을 옮겨서 두 아이가 다 아프면 어떻게 하지?' '어느 날 갑자기 내가 현장으로 발령받으면 어떻게 하지?' '일정에 없던 야근을 갑자기 하게 되면 어떻게 하지?' 미래에 일어날지도 모를 안 좋은 상황과 관련된 질문이 끊임없이 내 머릿속에 떠올랐다. 엄마인 나에겐 시간이 부족했다. 그리고 '이런 문제 때문에 육아휴직이 끝나고 나서도 회사로 돌아갈 수 없다면 앞으로 어떻게 해야 하는가?'라는 고민이 내 앞에 놓였다.

고민에 고민을 거듭했다. 당장은 육아휴직 기간에 국가에서 지급해주는 수당과 내 블로그 수입, 남편 월급으로 생활할 수는 있다. 하지만 우리 가족은 아파트 청약에 당첨된 상태라 어떻게든 잔금을 최대한 마련해야 했다. 물론 예전의 나였다면 어떻게든 회사에 붙어있으려고 노력했을 테지만, 이제 나는 400만 원을 벌면서 가족에게 늘 미안한 마음을 갖는 엄마가 되기보다는 200만 원을 벌면서 가족과 함께하는 엄마가 되려고 한다. 내 육아휴직의 끝이 어떻게 될지 나도 궁금하다.

워라밸을 위한
적절한 수익선 설정하기

대한민국 대부분의 국민은 고수익이나 경제적인 자유를 꿈꾼다. 나도 마찬가지다. 그래서 '얼마나 벌면 내가 일을 미련 없이 그만둘 수 있을까?'라는 생각으로 구체적인 금액을 계산해봤다.

잘 생각해보면 일을 그만둔다고 해서 회사 급여 전액을 손해액으로 계산하면 안 된다. 즉 맞벌이 부부가 남편의 월급을 생활비로 쓰고 아내의 월급 300만 원을 모두 저축하는 상태에서 아내가 회사를 그만두면 저축 비용이 0원이 되는 것이 아니다. 가정의 생활비 외에도 우리가 회사에 다니면서 쓰는 기타 제반 비용이 있기 때문이다. 밖에서 사 먹는 점심식사 비용, 품위 유지비, 차량 유류대나 유지비, 기타 간식비 등을 산정해보면 생각보다 많은 금액을 지출하고 있다는 것을 알 수 있다.

내 경우 점심식사 비용은 보통 7,000원에서 1만 원 정도였으며 기름값과 통행료로 매달 약 20만 원을 썼다. 게다가 출근용 옷과 신발 또한 당연히 집에 있을 때보다 더 구입할 수밖에 없었고, 직장에서 식사를 마친 후에는 항상 동료들과 커피나 과일주스를 마시며 담소를 나눴다. 그렇게 쓰는 돈을 실제로 계산해보니 한 달에 거의 60만~70만 원이 넘었다.

이렇게 비용을 계산하고 비교해보니 집에서 내가 아이를 직접 돌보면서 블로그로 수익을 낸다면 한 달에 300만 원이 아니라 250만 원 정도만 벌어도 만족스럽겠다는 생각이 들었다. 게다가 굳이 현금만 수익이 아니라 블로그를 운영하면서 꽤 많은 용품을 협찬받으므로 그만큼 생활비나 육아로 인한 지출도 많이 줄일 수 있다는 점이 매력적이었다. 이처럼 사람마다 본인이 처한 상황과 환경이 당연히 다르므로 나는 무조건 회사원이나 전업 블로거를 하라고 권하지는 않는다. 다만 N잡러 블로거나 전업 블로거의 길을 걷기 위해서는 많은 고민과 계산이 선행되어야 한다는 것을 명심하자.

노션과 후잉 가계부로
일정과 수입 관리하기

최근에 알게 된 효율적인 업무 플랫폼으로 노션^{Notion}이라는 것이 있다. 노션은 일종의 업무용 툴로 활용도가 높고 자유로워서 기본적인 메모부터 포트폴리오 작업까지 가능해 꽤 다양한 분야에서 사용하는 플랫폼이다. 나는 블로그 일정을 관리하기 위해 노션을 사용한다. 의뢰를 받은 원고나 협찬용 포스팅은 항상 마감일이 정해져 있으므로 노션을 통해 마감일 알람을 관리한다.

또한 활동을 통해 발생한 수익은 가계부에 옮겨서 정리한다. 가계부는 후잉^{whooing}이라는 사이트를 이용한다. 후잉은 부채와 자산을 관리하는 복식부기 가계부라 처음에는 사용 방법이 어렵게 느껴질 수도 있지만, 조금만 익숙해지면 매우 편리한 툴이므로 추천한다. 하지만 단순히 수입 및 지출을 기록하는 목적이라면 굳이 복식부기를 고집할 필요는 없다. 수익형 블로그용 가계부는 간단하게 블로그를 통해서 월별, 항목별로 내가 얼마나 수익을 내고 있는지를 파악할 수 있는 정도면 된다.

그래도 가계부를 작성하지 않고 그냥 의뢰가 들어오는 대로 일하고 주는 대로 원고료를 받는 것보다는 가계부 작성을 통해 원고료가 내 수익에서 어느 정도의 비중을 차지하는지, 또 네이버 애드포스트는 월별로 얼마나 수익이 되는지 등을 구체적으로 파악하면 수익형 블로그 운영에 큰 도움이 된다.

<노션을 활용한 일정 관리 예시>

출처: 저자 노션

<후잉 가계부 활용 예시>

출처: 저자 후잉 가계부

전업 블로거로 가는
갈림길에 서다

나는 육아휴직을 하고 전업주부가 되면서 일시적으로 전업 블로거가 되었다. 육아휴직은 퇴사가 아니므로 아직은 회사에 재직 중인 상태지만, 출근하지 않으니 전업 블로거가 된 것과 마찬가지다. 앞에서도 계속 이야기했듯이 나는 전업 블로거 생활을 굳이 추천하지는 않는다. 하지만 나와 같은 상황에 놓인 엄마들을 포함해서 피치 못한 사정이 있다면 어쩔 수 없이 반강제적으로 블로그 운영에 매달려야 할 수도 있다. 나도 육아휴직이 끝나고 나서 복직하지 못할 것을 대비해 전업 블로거가 되는 상황을 예상해봤다. 아이를 육아하면서 정신없이 스마트폰으로 사진을 찍고 시간 날 때마다 노트북으로 글을 쓰고 포스팅하는 생활이 눈앞에 그려진다.

그래도 무엇을 하든, 뭐든지 하려면 제대로 하는 것이 좋다. 나도 비록 내 의지와 상관없이 일시적으로 전업 블로거 생활을 하게 되었지만, 하려면 제대로 해야겠다는 생각이 들자 작은 방을 작업실로 결정했다. 작은 방은 집 안이고 많은 살림살이가 들어있어서 작업실로 크게 변화를 주지는 못했지만, 나부터 먼저 이곳은 나만의 작은 사무실이라고 스스로 되뇌며 인식을 바꿨다.

이제 나는 아이가 잠이 들면 작은 방으로 출근했다가 아이의 생활 패턴에 맞춰서 퇴근한다. 하루에도 출퇴근을 여러 번 반복하는 생활이지만, 그래도 작은 방으로 출근할 때만큼은 의식적으로 일하러 가는 것이라고 생각해서 시간을 허투루 쓰지 않는다. 그러자 집중력이 생겨 글을 쓰는 속도가 빨라졌고 시간 대비 효율도 늘어났다. 여러분도 만약 선택이 필요한 순간이 온다면, 일단 현재 상황에 집중하며 본인에게 맞는 길을 찾아볼 것을 권한다.

N잡으로
패시브 인컴의 가능성을 열다

진정한 N잡러의 길,
블로그는 시작일 뿐이다

나는 그간 블로그를 운영하면서 이런저런 일을 많이 하게 되었다. 전자책을 발간했고, 블로그 관련 코칭을 시작했으며, 이렇게 책도 쓰고 있다. 그리고 홈페이지를 개설하고 스마트스토어 입점도 알아보게 되었다. 모두 블로그 운영 덕분에 시작하게 된 일이다.

처음에 전자책 발간과 코칭 업무 관련 제안을 받았을 때는 '내가 아는 정도의 블로그 지식을 과연 필요로 하는 사람이 있을까?'라는 의문이 들었다. 왜냐하면 이런 내용은 누구나 인터넷을 조금만 검색해봐도 다 알 수 있고 특히 블로그를 운영해본 사람이라면 알고 있을 만한 내용이라고 생각했기 때문이다. 하지만 막상 전자책과 코칭을 실제로 해보니 그게 아니라는 것을 알 수 있었다.

여러분은 혹시 '전문가의 맹점'이라는 표현을 들어봤는가? 전문가의 맹점이란 내가 어떤 분야의 전문가가 되면 초보자였던 시절을 잊어버리고 현재 내가 아는 지식을 당연히 남들도 알고 있으리라고 착각하는 것이다. 나중에 깨달았지만, 나도 일종의 전문가의 맹점 상태였다. 그러다 보니 '과연 이런 지식을 배울 사람이 있을까?'라고 생각하거나 내가 알고 있는 지식은 판매할 가치가 없다고 생각하기도 했다.

하지만 그것은 잘못된 생각이었다. 세상은 다양한 것으로 가득 차 있고, 어떤 분야든 초보자는 당연히 있다. 그리고 해당 분야를 알려줄 때는 그 분야의 최고 전문가보다는 초보에서 막 벗어난 사람이 더 쉽고 자세하게 왕초보를 위한 맞춤 강의를 할 수 있다. 그리고 블로그 운영이나 수익화 지식에 관해서는 초보보다 왕초보가 훨씬 많다.

예를 들어서 누군가에게 엑셀 사용법을 가르친다고 해보자. 이때 매크로까지 다룰 줄 아는 엑셀 전문가보다는 실무에서 많이 사용하는 함수를 잘 알고 있는 대리 직급의 직원이 막 입사한 왕초보 인턴을 더 잘 가르칠 수 있다. 왜냐하면 전문가는 기본적인 내용은 왕초보라도 당연히 알고 있으리라고 지레짐작해 이 부분을 가르치지 않고 넘어가기 때문이다. 또 다른 예도 있다. 서울대학교에 입학한 모든 대학생이 누군가를 잘 가르치는 것은 아니다. 그들은 스스로 공부하는 법을 잘 알고 실천하는 사람일 뿐이다. 서울대생 중에서도 누군가를 가르치는 것에는 소질이 없는 사람이 많다.

여기까지 생각하니 망치로 머리를 맞은 듯한 기분이 들었다. 내가 가진 지식은 쓸모없거나 가치가 없는 지식이 아니라 누군가에게는 정말 필요한 지식이 될 수도 있다. 이 사실을 깨달은 후로 나는 내 지식을 팔기 시작했다.

블로그 운영이
전자책 발간으로 이어지다

블로그를 운영한 지 2년쯤 지나자 지인에게서 전자책을 내보라는 권유를 받았다. 처음에는 앞서 이야기했던 이유로 무슨 전자책이냐고 손사래를 쳤지만, 고민 끝에 한번 내보고 싶다고 생각하게 되었다. 나만의 노하우나 방법이 초보 블로거들에게 도움이 될 듯했다. 그래서 무작정 컴퓨터를 켜서 글을 쓰기 시작했다. 지인은 전자책 중에서도 PDF 형태로 판매하는 전자책은 종이책처럼 여러 번의 교정과 편집 과정을 거치지 않아도 되고, 그보다는 전달하고자 하는 콘텐츠가 확실하고 독자들에게 도움이 될 만한지가 더 중요하다고 했다. 이 이야기를 듣고 보니 부담감을 덜고 내 지식을 공유하자는 취지로 접근하면 될 것 같아서 전자책을 집필하기로 마음을 먹었다.

일반적인 도서 집필 과정처럼 여러 사람들과의 회의를 통해 기획하고 쓰는 글이 아니라 내 머릿속에서 정리해서 옮겨 쓰는 형태로 작업하다 보니 하루에 1시간씩 글을 써서 5일 만에 전자책을 완성했다. 이후 크몽^{kmong}이라는 프리랜서 마켓에 가입해서 전자책을 등록

하니 이틀 후에 판매를 승인받을 수 있었다. 그렇게 발간한 전자책을 내 블로그와 인스타그램에서 한 번씩 홍보했다. 전자책 발간을 권유했던 지인도 홍보를 도왔다.

그런데 시간이 지날수록 내가 처음에 예상했던 것보다 많이 팔려서 당황스러웠다. 종이책보다 비싼 3만 원이라는 가격을 책정했는데도 총 30권 정도를 판매했고, 지금도 한 달에 한두 권은 계속해서 팔리고 있다. 전자책 판매를 통해 수익을 벌자 블로그 운영과는 또 다른 점에서 정말 신기했다. 내 경우처럼 전자책은 이론이나 학설로 정립된 지식을 주제로 삼지 않거나 깊은 전문성을 갖추지 않아도 만들 수 있다. 크몽 전자책 중에서도 판매량이 높은 전자책의 주제를 살펴보면 '나쁜 남자를 피하는 방법' '면접 잘 보는 노하우' 등이 있다. 명확한 이론과 지식, 그리고 전문적인 기술에 관한 내용을 담지 않아도 '나만이 가진 내 노하우'를 담으면 잘 팔리는 것이다. 그러니 여러분은 나처럼 처음부터 전자책을 어렵게 생각하지 말자. 내가 잘하는 요리가 열 종류만 있어도, '실패하지 않는 간단 집밥 레시피 10가지'라는 주제로 전자책을 쓸 수 있다.

다만 글을 쓰는 것과 판매는 다른 분야이므로, 전자책으로 많은 매출을 내려면 판매 노하우가 있는 편이 좋다. 일단 대부분의 사람은 리뷰를 보고 책을 고르므로 판매 페이지에 좋은 리뷰가 많을수록 좋다. 그래서 많은 저자가 독자가 구매를 확정하고 좋은 리뷰를 쓰면 추가 도서를 증정하는 이벤트를 벌인다. 예를 들어서 블로그 수익화에 관한 전자책을 팔고 있다면 좋은 리뷰를 쓴 사람에게 추가 도서로 '황금 키워드 100개 소개' 도서를 증정해주는 것이다. 증정 도서도 매력적이라면 대부분의 독자가 이를 받기 위해 좋은 리뷰를 남길 것이고, 그럼 그 리뷰를 본 또 다른 사람이 내 도서를 구입할 것이다.

또한 주제에 맞춘 홍보도 중요하다. 블로그 수익화 관련 도서라면 해당 도서의 상세 페이지에 이 책을 구입하면 당장이라도 돈을 벌 수 있을 것처럼 꾸며두는 게 좋다. 내 블로그에 이웃이 많다면 스크랩을 유도하는 이벤트를 열어서 도서를 홍보할 수도 있다. 블로그에 전자책에 관한 글을 쓰고 스크랩하는 사람 10명을 뽑아서 무료로 나눠주면 된다. 그럼 홍보가 자연스럽게 될 것이다.

내 이웃들은 자기가 아는 간단한 블로그 지식을 전자책으로 발간해서 5,000원이라는 저렴한 금액에 팔기도 했다. 이처럼 전자책 시장에서도 마케팅과 전략이 필요하다. 나는 마케팅 분야는 잘 알지 못해서 리뷰를 남기면 추가 도서를 증정하는 정도로만 홍보했지만, 전자책 한 권으로 꾸준하게 수익을 내는 사람들을 보면 판매를 위해 늘 다양한 전략을 짜며 빈틈없이 관리하는 것을 볼 수 있다.

오픈채팅방도
수익을 낼 수 있다

카카오톡이 국민 메신저로 자리 잡은 만큼, 요즘도 우리 주변에서 단체 카카오톡 방(단톡방)을 쉽게 찾을 수 있다. 나만 해도 육아 단톡방, 아파트 주민 단톡방, 회사 단톡방, 친구 단톡방, 블로그 수익화 관련 단톡방까지 들어가있다. 시간을 내서 읽어도 다 읽지도 못하는 메시지가 하루에도 수천 개씩 내 스마트폰에 쌓인다.

그런데 이런 상황에서 지인이나 가족끼리의 단톡방이 아니라 내 관심사에 대한 오픈채팅방으로 눈을 돌려보면 그곳에서 수익을 내는 사람들이 많다는 것을 알 수 있다. 그래서 대부분의 콘텐츠 생산자는 본인의 플랫폼에서 인기를 얻으면 책을 내고, 전자책을 내고, 영상 강의를 하고, 채팅방을 운영하거나 카페를 운영하는 과정을 통해 추가적인 수익 파이프라인을 만든다. 나는 아직 그 단계에 이르지는 못했지만, 잘 만든 오픈채팅방이 확실한 수익원이 된다는 점에는 동의한다.

여러분이 블로거로 다양한 파이프라인을 개설하는 중이라면 오픈채팅방을 통해 내 책을 홍보하거나 내가 파는 상품을 홍보할 수 있고 내 강의의 수강생을 모집할 수도 있다. 어차피 오픈채팅방은 해당 주제에 흥미가 있는 사람들이 모인 단톡방이므로 관련 내용을 제공하면 관심 있게 보기 때문이다. 실제로 강의를 하는 강사들은 오픈채팅방을 직접 운영해 라이브 강의를 진행하거나 자료를 배포해서 수익을 낸다. 또 어떤 사람은 본인이 판매하는 건강기능식품을 오픈채팅방에서 홍보해 수익을 얻기도 한다. 이처럼 오픈채팅방에 들어오는 사람들은 이미 그 주제에 흥미를 가진 사람들이므로 홍보가 곧바로 매출로 이어질 확률이 높다.

블로그 코칭이
또 하나의 수익이 되다

수익형 블로그를 잘 운영하던 어느 날, 블로그 운영과 관련해 코칭을 해달라는 제안을 받았다. 코칭을 요청한 수강생의 블로그를 살펴보니 키워드를 잘 잡지 못한 채로 본인의 일기만 쭉 적는 스타일이었다. 살펴보니 키워드를 잘 잡고, 문서를 잘 쓸 수 있도록 도와주면 되겠다는 것을 깨달았다. 물론 내 도움 덕분에 조회 수가 쭉쭉 늘어나 블로그가 확 성장하면 좋겠지만, 이미 저품질 블로그라면 불가능한 일이었다. 어쨌든 수강생에게 도움을 주기 위해 돈을 받고 코칭을 진행해도 막상 별 성과가 없을까 우려해 시작을 주저하고 있었는데 지인이 충고를 건네주었다. "강사는 가르치는 것만 잘하면 되고, 성과는 수강생의 몫이다." 곰곰이 생각해보니 맞는 말이었다. 내가 아무리 열심히 가르친들 블로그가 이미 저품질이거나 수강생이 따라오지 못한다면 별 수 없는 노릇이었다.

그래서 마음의 부담을 한결 내려놓고 카카오톡으로 코칭을 진행했다. 수강생과의 질의응답 시간을 통해 궁금증을 해결해주고, 포스팅 미션을 줬다. 그리고 수강생이 블로그에 올린 글을 점검해서 보완해야 할 사항을 알려줬다. 최선을 다해 강의했지만, 첫 코칭이 큰 성과를 내지는 못했다. 하지만 이 경험은 앞으로 내가 다시 코칭을 할 때 어떤 방향으로 진행해야 할지에 대한 방향성 설정을 도와주고 강의에 대한 우려를 많이 해소해줬다.

쉬어도 돈이 들어오는
패시브 인컴

요즘은 주식, 부동산 등으로 자는 동안에도 돈이 벌리는 세상이다. 일과 시간에 블로그에 한 편의 글을 써 놓았을 뿐인데 밤사이 클릭이 일어나 광고료가 쌓이고, 추천인으로 등록되어 적립금이나 현금이 쌓인다. 적극적인 경제 활동이 아니더라도 상대적으로 수동적인 활동을 통해 얻을 수 있는 추가 수익을 뜻하는 용어인 패시브 인컴 passive income 에 관한 이야기다.

미국의 경제 전문지 <포브스>에서도 패시브 인컴을 다룬 적이 있다. 포브스는 패시브 인컴의 예시로 제휴마케팅, 광고, 컨설팅, 온라인 강의, 팟캐스팅, 도서 판매, 온라인 커뮤니티 구축, 유튜브 등을 들었다. 대부분 이 책에서 언급한 항목들이다. 이 중에 하나만 제대로 운영해도 꽤 많은 수익을 창출할 수 있지만, 어떤 방법이 나와 궁합이 잘 맞는지 단번에 알 수는 없으므로 처음부터 한 가지를 정해서 몰두하기보다는 다양하게 여러 패시브 인컴 루트를 접해보는 것이 좋다. 물론 다 접해보려면 꽤 많은 시간과 노력이 필요하니 기본적으로는 블로그를 운영하면서 시간을 두고 천천히 하나씩 블로그와 접목해보는 것을 추천한다.

그럴 노력이나 시간을 들이기가 어렵다면 관련 책이나 유튜브 등을 보고 활용 방법이나 해당 루트가 내 적성에 맞는지를 고민해보는 것도 좋다. 다만, 모든 내용을 글로만 읽고 판단한다면 성급히 결정을 내리게 될 수도 있다. 그래서 글로 읽었을 때는 아닌 것 같아도 되도록 실제로 한번 시도해보는 것을 추천한다. 나도 내가 아는 노하우를 전자책으로 판매할 수는 없다고 생각했다. 나에게 코칭을 받을 사람이 없다고 생각하기도 했다. 하지만 세상에는 다양한 사람이 있고 여러분의 지식은 어디서든 가치가 있다.

블로그를 운영하면서 체험단 활동 경력이 많이 쌓였다면 체험단 선정을 많이 하는 업체의 리스트를 만들어서 전자책으로 판매할 수도 있다. 물론 본인의 블로그에서 홍보도 가능하다. 나아가 전자책을 판매하면서 관련 오픈채팅방을 만들고 체험단 활동에 관해 이야기를 나눌 사람들을 모집해도 좋다. 그렇게 해서 많은 사람이 모이면 체험단 업체와 제휴를 맺고 업체와 블로거를 연결해줄 수도 있다. 블로그 운영과 동시에 다양한 패시브 인컴을 하나씩 경험해보자.

TIP **크몽 플랫폼을 이용해서 전자책 발간하기**

전자책 시장이 활발하게 성장해 지금은 어느 정도 포화 상태에 이르렀지만, 아직은 주제에 따라서 블루오션이 많이 남아있다. 전자책이나 개인의 지식을 사고파는 온라인 플랫폼은 크몽, 탈잉taling, 오투잡otwojob, 해피캠퍼스happycampus 등이 있다. 이 중에서 활발하게 재능 공유가 이뤄지는 사이트로 크몽이 있다. 나는 크몽과 탈잉 양쪽에 모두 전자책 판매를 등록하려고 했으나 탈잉이 크몽보다 승인 조건이 조금 더 까다로워 크몽에만 등록했다. 크몽의 전자책 판매 승인 조건은 다음과 같다.

- 분량은 표지, 목차 제외 A4 용지 20장(이미지가 판면의 60%를 넘으면 안 된다)
- 프로그램은 한글 또는 워드 프로그램을 이용
- 글사 크기는 12포인트, 술 간격 1.5(160%), 기본 여백 설정 유지
- 표지 및 목차는 필수
- 저작권이 없는 폰트 사용
- 가격은 1만 원 이상으로 설정

해당 조건에 맞게 전자책을 만들었다면 추가로 해야 할 작업이 있다. 한글이나 워드 형태의 원고는 승인 이후에도 다른 사람들이 수정이 가능하므로 전자책 파일을 PDF 파일로 변환하면서 워터마크를 넣어야 한다. 워터마크는 한글과 워드에서 제공하는 기본 기능을 이용하면 쉽게 넣을 수 있다.

문제없이 한번에 승인을 받기 위해서는 몇 가지 유의해야 할 사항이 있다. 책의 여백을 임의로 무리하게 조정하거나 분량 증가를 위한 과도한 줄 바꿈, 이미지 추가 등은 도서의 분량을 과장했다고 판단해 승인이 거절되는 경우가 있으므로 주의해야 한다. 또한 책 내용에 이 책의 내용을 따라 하면 매출이나 수익을 보장한다는 과장 광고 문구를 넣거나 확인되지 않은 내용을 본인의 판단으로 사실처럼 기술한다면 이 역시 승인 거절 사유에 해당한다. 마지막으로 표지에 외부 업체의 로고가 있거나 상업적으로 이용 불가능한 폰트를 사용하면 안 된다. 참고할 수 있도록 상업적으로 이용가능한 폰트를 구하는 방법과 저작권 멘트 관련 내용을 추가로 첨부했다.

상업적으로 이용 가능한 폰트

네이버에서 무료로 배포하는 글꼴 시리즈인 나눔 글꼴이나 눈누라는 사이트에 들어가면 상업적으로 이용 가능한 무료 폰트를 찾을 수 있다. 해당 사이트에서 원하는 폰트를 눌러보면 내부에 라이선스 요약표가 있는데 그곳에서 OFL^{Open Font License} 부분에 '허용'이라고 표기된 것을 찾으면 된다. OFL 허용 폰트는 누구나 자유롭게 사용할 수 있고, 수

정 및 재배포도 가능하다. 또한 폰트 자체를 유료로 판매하는 것이 아니라면 전자책 등에도 사용할 수 있다. 참고로 우리가 가장 많이 사용하는 폰트인 맑은고딕의 경우 마이크로소프트에서 저작권을 가지고 있는 폰트이므로 판매를 목적으로 사용하는 전자책에는 사용하지 않는 것이 좋다.

저작권 멘트

"이 자료는 대한민국 저작권법의 보호를 받습니다. 작성된 모든 내용의 권리는 작성자에게 있으며, 작성자의 동의 없이는 사용이 금지됩니다. 본 자료의 일부 혹은 전체 내용을 무단으로 복제, 배포하거나 2차 저작물로 재편집하는 경우, 5년 이하의 징역 또는 5,000만 원 이하의 벌금과 민사상 손해배상을 청구합니다."

N잡러 워킹맘,
앞으로 내가 나아갈 길

이 책을 집필하면서 블로그에 대한 내용이나 정보를 다시금 점검하고 공부하다 보니 내 블로그도 덩달아 성장해 수익이 기존보다 증가했다. 첫째 아이를 낳고 육아휴직 기간에는 한 달에 100만 원 내외의 블로그 수익을 달성한 상태에서 회사에 복직했다. 그리고 다시 둘째 아이를 낳은 지금은 블로그만으로 한 달에 300만~400만 원의 수익이 생기고 있다.

하지만 여기서 멈출 생각은 없다. 아직은 내가 꿈꾸는 온전한 '디지털 노마드'가 아니라 일명 '디지털 노가다' 상태라는 생각이 들기 때문이다. 내가 궁극적으로 원하는 것은 적게 일하고 많이 버는 것이다. 그러기 위해서 지금도 고민하는 것과 실제로 시도까지 나아간 것이 몇 가지 있다.

첫 번째는 내가 개설한 '베베헤븐'이라는 사이트를 꾸준히 운영해 퍼스널 브랜딩을 하고, 나아가 사이트 규모를 더 키워서 협찬과 제휴로 지속적인 수익을 내는 것이다. 베베헤븐은 임신, 출산, 육아와 관련된 사이트이니 활성화만 된다면 생각보다 괜찮은 수익을 낼 수 있을 것이다.

또한 베베헤븐이 더 성장한다면 그곳에 작성했던 육아 관련 꿀팁을 모아 육아 도서를 집필하고 싶은 소망도 있다. 다만 육아 관련 주제는 네이버 카페라는 플랫폼이 너무 강력한 경쟁자이므로 아직은 어려운 부분이 많다.

다음으로 생각한 파이프라인은 바로 스마트스토어다. 특정 제품을 직접 사입(물건을 떼다가 직접 파는 것)하는 것이 아니라 스마트스토어라는 플랫폼을 이용해서 구매 대행이나 위탁 판매를 하는 것이다. 그리고 여기에 더해 해당 제품을 내 블로그에서 광고하면 수익을 높일 수 있다고 생각한다. 다만 요즘에는 위탁판매에 대한 개인정보 이슈가 있어서 적절한 시기를 관망하고 있다.

한편으로 유튜버도 생각해보고 있다. 주 1회 정도 영상을 올리면서 꾸준하게 운영해보고 싶다는 생각이 있다. 이미 구상해놓은 주제도 있다. 그리고 마지막으로는 이렇게 쌓은 커리어를 바탕으로 블로그 관련 강의나 컨설팅을 전문적으로 해보고 싶다. 나는 아직도 이렇게 하고 싶은 것이 많다. 그리고 이런 목표들이 있어서 내가 계속 앞으로 나아가고 발전하고 있다고 생각한다. 다양하고 꾸준한 수익화 모델을 구축하는 것은 요즘 시대에 특히 필수다.

예상치 못한 상황에
항상 대비해야 한다

나는 여러 블로거가 부러워하는 '만블'이다. 하루에 1만 명 이상의 방문자가 방문하는 블로그를 가지고 있다는 뜻이다. 이 블로그로 꽤 많은 수익을 내고 있다. 그런데도 걱정이 있다. 네이버의 로직과 정책이 계속 변화하는 중이라 앞으로는 어떻게 될지 모른다는 걱정이다. 따라서 이 블로그 하나에 내 인생을 모두 걸 수는 없다. 아마 이런 위기감은 대부분의 수익형 블로거라면 항상 느끼고 있을 것이다.

만약 내 블로그가 망가진다면 내 수익은 곧바로 0원이 될 것이다. 물론 블로그가 꾸준히 성장하면서 평생 나와 함께하면 좋지만, 그러지 못할 상황도 대비해야 한다. 그래서 나는 그때를 대비해 또 다른 직업을 구상하고 있다. 물론 이것은 여러 상황에 모두 대비하고자 하는 내 성향 때문이다. 여러분도 블로거 활동을 하면서 무조건 모든 상황에 대비해야 하는 것은 아니다. 지금부터 당장 무언가를 준비해야 하는 것도 아니다. 사실 네이버가 싫어하는 행동을 하지 않는 이상 하루아침에 내 블로그가 손실되는 경우는 거의 없다.

다만, 예상치 못한 상황에 대비하는 것은 블로그가 안정화되고 일정 수준의 수익을 꾸준하게 발생시키는 상황이 되면 그때 생각해도 늦지 않다. 그때 다른 주제로 블로그를 하나 더 개설해 조금씩 키울 수도 있고, 아니면 나처럼 티스토리 혹은 워드프레스에서 활용할 수 있는 구글 애드센스를 조금씩 공부하는 것도 좋다.

모든 것은
내 행복에서 시작된다

지금까지 블로그 운영과 관련해서 내 나름의 노하우와 정보를 많이 다뤘다. 내 블로그가 많이 성장했다고 이야기했지만, 나 역시 블로그를 운영하면서 힘들었던 순간이 종종 있다. 의뢰 마감에 쫓겨서 스트레스를 받았던 적도 있다. 그러나 나는 늘 다시 컴퓨터 앞에 앉아서 글을 쓴다. 적게 일하고 많이 버는 것이 궁극적인 내 목표라고 이야기했다. 하지만 내 내면에는 바쁘게 일하고 싶은 마음도 있다는 것을 부정하지는 못하겠다.

나는 블로그를 통해 자존감을 회복하고 경제적인 여유를 얻었다. 그런데도 내가 만족하지 못하고 자꾸 다른 일에 도전하는 이유는 아마 일에 대한 욕심이 있기 때문이 아닐까 싶다. 물론 나는 요즘 너무 행복하다. 끊임없이 들어오는 제안서 덕분에 꾸준하게 일할 수 있고, 내 아이를 직접 키울 수 있으며, 유모차나 카시트처럼 비싼 육아용품도 무료로 사용할 수 있다. 그리고 내 경험을 나누기 위해 이렇게 책도 쓰고 있다. 나는 새로운 일에 도전할 때마다 하나씩 계단을 밟고 올라가 점점 성장하는 느낌이다.

이런 내 일상에 감사하며 행복을 느끼는 지금, 내 생활은 더할 나위 없이 만족스럽고 평화롭다. 나는 그저 블로그를 시작했을 뿐인데 글을 쓰고 다양한 모습으로 피드백을 받는다. 그 피드백이 때로는 돈일 수도 있고, 때로는 나만의 퍼스널 브랜딩이 될 수도 있다. 나는 앞으로 블로그를 통해 상품 판매를 시작할 수도 있다. 여러분도 마찬가지다. 여러분이 블로그 운영에 도전한다면 무궁무진한 가능성의 세계가 열릴 것이다. 블로그는 그렇게 당신의 일상에 날개를 달아줄 것이다.

에필로그

나는 만약에 다시 20대의 나이로 돌아갈 수 있다면 주저하지 않고 여행 블로그를 개설할 것이다. 노트북 하나만 들고 세계를 돌아다니면서 협찬을 통해 먹고, 자고, 수익까지 얻을 수 있으니 말이다. 조금 더 나이가 든 이제야 블로그를 알게 된 아쉬움이 그만큼 커서 책까지 쓰게 되었다. 이 책이 수익형 블로그나 N잡러를 꿈꾸는 사람들에게 얼마나 도움을 줄 수 있을까? 책을 쓰는 내내 이것만 생각하면서 쉼 없이 달려왔다.

나는 내가 사랑스러운 우리 아이들의 엄마라는 사실이 가장 자랑스럽고 행복하다. 그러나 그만큼 나 자신도 소중하기에 단순히 누군가의 엄마로만 살기는 싫었다. 이 아이러니한 상황 속에서 나에게 활력소가 되는 것은 오로지 창작 활동을 하는 생산자가 되고, 이를 통해 얻는 경제력이라는 것을 블로그를 운영하면서 깨달았다. 만약 여러분이 매일 반복되는 육아에 지쳐있거나 육아우울증을 겪고 있다면 뭐라도 해보기를 권하고 싶다.

꼭 블로그를 운영하는 것이 아니어도 괜찮다. 다만 많은 플랫폼

중에서도 가장 쉽게 접할 수 있고 경제력도 키울 수 있는 것이 블로 그이기에 이를 추천하는 것이다. 내 경험을 책으로 공유함으로써 나와 같은 상황에 처한 워킹맘이나 육아맘들에게 조금의 희망이나 여유가 생겼으면 좋겠다.

사람들에게 돈을 버는 방법을 글이나 영상으로 소개한다 해도 그 방법을 직접 실행에 옮기는 사람은 5%도 채 되지 않는다. 한 가지 사례를 이야기하고자 한다. 우리나라의 크몽과 같은 형태의 프리랜서 마켓은 해외에도 많다. 한 유튜버가 이 사실에 착안해 비교적 인건비가 저렴한 나라의 프리랜서 마켓에서 사람을 고용한 후 우리나라 플랫폼을 통해 판매해 중개 수수료를 취하는 수익 전략을 국내에 소개한 적이 있다. 하지만 이를 보고 직접 실행한 사람은 거의 없었다. 그 영상을 본 사람 중 극소수만이 그 일을 실행에 옮겼고 결국 한 달에 200만 원 가까이 수익을 냈다. 실제로 이 전략이 성공하자 그 후로 여러 사람이 같은 방법을 이용해 돈을 벌어보려 했으나 지금은 단가 경쟁이 붙어 수익성이 떨어지게 되었고, 프리랜서 마켓에서도 본인이 직접 거래하는 것이 아니면 승인해주지 않아 흐지부지되었다.

이 책을 읽은 여러분 역시 같은 상황에 놓여 있다. 내가 지금까지 이야기한 것을 눈으로 대충 훑어보고 그냥 이런 것도 있구나 하고 머릿속에 저장하는 것으로 끝내는 사람들이 대다수일 것이다. 실행에 옮기는 것과 옮기지 않는 것은 엄청난 차이다. 아무것도 하지 않으면 아무 일도 일어나지 않는다. 물론 어떤 사람이 걸어온 길을 그대로 밟는다고 해서 그 사람과 똑같이 되는 것은 아니다. 하지만 그 길을 따라 걸으면서 쌓이는 경험은 여러분이 어느 곳으로 나아가든 새로운 발자취를 새길 힘이 되어줄 것이다.

블로그는 활용도가 굉장히 높은 플랫폼이자 무한한 수익성을 지닌 플랫폼이다. 다만 블로그를 운영하면서 반드시 지녀야 하는 덕목은 성실성이다. 꾸준하게 할 자신이 없다면 아예 처음부터 시작하지 않는 것이 시간을 아끼는 길이다. 처음부터 목표를 높게 잡으면 금방 지치기 쉽다. 일주일에 두세 번 이상 포스팅하는 것을 목표로 삼고 시작해보자. 이유야 어떻든 블로그는 꾸준하지 못하면 유지할 수 없다. 이 책에서 언급한 노하우를 익히고, 나아가 더 다양한 것과 수익을 연결할 수 있는 인사이트를 키워야 한다. 나는 이 책이 여러분에게 실용서보다는 자기계발서로 다가갔으면 좋겠다. 이 책으로 인해 블로그를 개설하는 모든 분이 블로그 수익화에 눈을 뜨고 자기만의 새로운 길을 찾을 수 있기를 바란다.

마지막으로, 내가 블로그를 시작할 수 있게 해준 내 보물 하율, 지율이 그리고 언제나 든든한 지원군인 남편과 책을 낼 수 있게 용기를 준 반경화, 기성준 작가님에게 이 책을 바친다.

나는 아끼는 대신 더 벌기로 했다

초판 1쇄 발행 2022년 4월 20일
초판 4쇄 발행 2022년 12월 28일

지은이 율마(오애진)
브랜드 경이로움
출판 총괄 안대현
편집 김효주, 정은솔, 이동현, 이제호
표지·본문디자인 양희아

발행인 김의현
발행처 사이다경제
출판등록 제2021-000224호(2021년 7월 8일)
주소 서울특별시 강남구 테헤란로 33길 13-3, 2층(역삼동)
홈페이지 cidermics.com
이메일 gyeongiloumbooks@gmail.com(출간 문의)
전화 02-2088-1804 **팩스** 02-2088-5813
종이 다올페이퍼 **인쇄** 천일문화사
ISBN 979-11-977728-4-9 (03320)